十个魔法，让孩子拥有好口才

SHIGE MOFA RANG HAIZI YONGYOU HAO KOUCAI

申草泥◎著

北京工业大学出版社

图书在版编目(CIP)数据

十个魔法,让孩子拥有好口才 / 申草泥著. —北京:北京工业大学出版社,2015.2

ISBN 978-7-5639-4232-9

Ⅰ.①十… Ⅱ.①申… Ⅲ.①口才学—少儿读物 Ⅳ.①H019-49

中国版本图书馆 CIP 数据核字(2015)第 028926 号

十个魔法,让孩子拥有好口才

著　　者:	申草泥
责任编辑:	贺　帆
封面设计:	元明设计
出版发行:	北京工业大学出版社
	(北京市朝阳区平乐园 100 号　邮编:100124)
	010-67391722(传真)　bgdcbs@sina.com
出版人:	郝　勇
经销单位:	全国各地新华书店
承印单位:	北京建泰印刷有限公司
开　　本:	787毫米×1092毫米　1/16
印　　张:	18.5
字　　数:	189 千字
版　　次:	2015 年 4 月第 1 版
印　　次:	2015 年 4 月第 1 次印刷
标准书号:	ISBN 978-7-5639-4232-9
定　　价:	32.00 元

版权所有　翻印必究

(如发现印装质量问题,请寄本社发行部调换　010-67391106)

前　言

著名的美国成功学大师戴尔·卡耐基曾说："当今社会，一个人的成功，仅仅有15%取决于技术知识，而其余的85%则取决于口才艺术。"由此可见"会说话"、好口才的重要性。拥有好口才，已经成为现代人成功的必备条件之一。

好口才更是一种取之不尽、用之不竭的财富。拥有好口才，能使你充分地展示风采，能使你处处受到他人的欢迎和关爱，能使你的事业得到他人永久的支持，能使你在职场、商场和情场中永远抢占先机。

现在的父母总是对孩子有过多的担心，孩子想找小伙伴玩，父母怕他们在一起会发生不愉快，又怕自己的孩子跟别人学坏；父母认为孩子多学一样本事才是正事，与别的孩子玩都是浪费时间……父母的这些做法阻碍了孩子与同伴间的交流，造成了孩子性格孤僻、不合群，也使孩子变得不爱说话,更不敢在陌生人面前说话,因而,好口才也无从谈起。

　　孩子就像一张白纸,你画什么颜色都很容易,如果已经画上了颜色,想要擦掉就很难了。因此,家长们在孩子小的时候就应对孩子及时教育,让他成为一名"口才小达人",如果等他走进社会后再教育,那么一切就都来不及了。

　　也许,此时你会发出这样的疑问:"口才该怎么培养?这又不像辅导他学习,总有一定的方法可循。你说我该怎么办?"

　　本书针对一些生活的小细节进行深度分析:孩子遇到陌生人该怎么打招呼?如何正确地向别人介绍自己?拿起电话第一句应该说什么?怎么赞美才不惹人厌……总之,一切你能想到的、想不到的,这本书都会淋漓尽致地展现。那些生动有趣的小故事、深入浅出的小道理、简单实用的小技巧,会在第一时间让孩子和父母明白:好口才不难学,关键是要掌握巧妙的方法。

　　让我们一起分享好口才的乐趣,一起为孩子创造更美好的人生吧!

目　录

魔法一　打招呼，走好训练口才的第一步

打招呼，见面时最基本的礼节　/ 003

打招呼要注意哪些方面　/ 006

用鼓励、表扬给孩子注入更强的自信　/ 009

搞清楚复杂的称谓才会打招呼　/ 013

教孩子大胆地和陌生人说话　/ 016

良好的开场白打开对方的话匣子　/ 019

当众批评只会让孩子更不敢开口　/ 022

魔法二　介绍，把思维转化为语言的过程

自我介绍与介绍他人　/ 029

练好普通话，让所有人听懂你的介绍 / 032

用卓越的口才"秀"出自己 / 035

在一问一答的过程中引导孩子介绍自己 / 039

把握要点，把自我介绍做得深入人心 / 041

介绍他人，充当好第三方的角色 / 046

介绍他人要真诚自然 / 049

选择恰当的时机和场合介绍他人 / 052

魔法三　接打电话，锻炼与人沟通的能力

接打电话的基本礼仪与技巧 / 059

拿起话筒先"自报家门" / 063

礼貌地询问对方的身份 / 066

说话要有次序、简洁明了 / 069

记清楚对方电话里的内容 / 072

打电话时要照顾对方的感受 / 076

挂电话前重复来电重要内容 / 079

把"啪"的声音留给自己 / 081

魔法四 倾听，听比说更重要

会"听"才会"说" / 087
做个高层次、高水平的倾听者 / 090
听懂才知道如何表达 / 093
倾听时给对方一些反馈 / 096
学会倾听"话外话" / 100
调动一切身体语言来听 / 103
插嘴并不能代表有好口才 / 107

魔法五 交谈，把话说到位才是好口才

话要说到点子上 / 115
给孩子更多沟通、交流的机会 / 118
给孩子更多说话的空间 / 121
有条理才能让人听明白 / 124
不要让嘴巴得罪人 / 128
把贫嘴变为幽默 / 131
不雅口头禅有损形象和口才 / 134
"针锋相对"只会离好口才更远 / 138

魔法六　赞美，打开他人心房的金钥匙

赞美能带给他人无穷的力量　／ 145

赞美必须真诚且发自内心　／ 148

赞美要恰如其分，恰到好处　／ 151

合理运用"锦上添花"与"雪中送炭"　／ 154

自我赞美保持在"自爱"的度　／ 157

别把"拍马屁"当作赞美　／ 160

魔法七　道歉，说"对不起"化干戈为玉帛

发现错了，及时道歉　／ 167

真心实意地说"对不起"　／ 171

错了就要承担责任　／ 174

表达歉意要恰如其分　／ 177

毫不吝啬地说出"对不起"　／ 180

用什么代替说不出口的道歉　／ 184

越是咄咄逼人，越不能得到原谅　／ 187

有时没犯错也可以道歉　／ 190

"对不起"不是说得越多越好　／ 193

灵活运用各种道歉方法　/ 196

魔法八　演讲，在众人面前侃侃而谈

鼓励孩子参加各种演讲　/ 203

事先准备好演讲稿　/ 206

演讲首先要克服紧张情绪　/ 209

抓住听众的心情，操控听众的情绪　/ 212

抑扬顿挫的声音为演讲增添魅力　/ 215

学会用眼睛传情达意　/ 219

恰到好处的手势，让口才进一步爆发　/ 222

从容应对即兴演讲　/ 225

魔法九　求助，用你的话打动对方的心

把最真诚的态度化为最真诚的语言　/ 231

温柔、谦和地说出求助的话　/ 234

向陌生人求助要注意表达方法　/ 237

遇到意外求助"110"　/ 241

遭到拒绝应表示谅解　/ 243

魔法十　训练，好方法练就好口才

通过阅读提高口才能力　/ 249

讲故事，让孩子学会生动地表达　/ 253

背诵，提高对语言的记忆能力　/ 256

写作有助于语言表达　/ 260

想象，让语言变得生动有趣　/ 263

描述，全面锻炼口才水平　/ 267

绕口令，使孩子口齿伶俐、吐字清晰　/ 270

争辩，锻炼孩子的思辨能力　/ 273

角色扮演，锻炼口才的绝佳方式　/ 276

声音练习，让孩子说话更动听　/ 279

魔法一
打招呼，走好训练口才的第一步

打招呼是训练孩子口才的第一步，是孩子接近对方的"借口"，也是打开交谈双方"话匣子"的有效方法。

但是，孩子都会打招呼吗？为什么有的孩子和别人打招呼，对方的反应却很冷淡？为什么孩子越是不敢打招呼，其他人就越是不关注他？为什么不敢打招呼的孩子在其他时候，语言能力也非常低下？因此，鼓励孩子主动开口打招呼吧，这是训练他口才的第一堂课。

打招呼，见面时最基本的礼节

对孩子来说，懂礼貌是他们成长过程中不可缺少的个人素质，是他们与他人沟通感情、获得信任与支持的保证。

星期天，扬扬正坐在客厅的沙发上看电视。这时，爸爸的几位同事来了，爸爸热情地将同事迎进来，招呼客人坐下，并对扬扬说："扬扬，问叔叔阿姨好！"

扬扬扭头看了几位客人一眼，发现一个也不认识，就没吭声，照样看电视。

几位客人主动和扬扬说话："扬扬，看的什么节目啊？"

扬扬像没听见一样，还是没吭声。

客人见扬扬不说话，有点尴尬。爸爸看到这种情形有点不悦，瞪着扬扬说："去屋里做作业吧。"

谁知扬扬却大声嚷道："我要看电视！"说完就谁也不理，自顾自地接着看电视。

客人们和爸爸寒暄了几句，就起身告辞了。客人走的时候，扬扬动都没动，连声"再见"都没说。事后，爸爸的那几位同事都觉得扬扬见人都不打招呼，太不懂礼貌，因此很少再去扬扬家了。

我们每天都要与他人打招呼，无论是热情地握手寒暄，还是简单地问声"你好"，抑或是简单地微笑点头致意。总之，见人打招呼是人们见面时最基本的礼节，没有人会遗漏，也没有人会拒绝这样做。

但是，就有一些像扬扬这样的孩子，他们见人不喜欢打招呼。看到家里来了客人，要么置之不理，要么故意躲到房间里。还有一些孩子远远看到有熟人过来了，故意绕道走，以此避免和人打招呼。这些孩子丢失了最基本的礼节，给人留下了没礼貌的不好的印象，有时弄得父母也很没面子。

这样的孩子，何谈拥有好口才？何谈拥有好的人际关系？

对于这样的孩子，父母应该让他们懂得见人打招呼不是形式，而是一种礼貌，是一个人内在的修养和素质的外在表现。懂礼貌，是一个人赢得他人尊重的前提。一个连礼貌都不懂的人，很难让人对他产生好感。对孩子来说，懂礼貌是他们成长过程中不可缺少的个人素质，是他们与他人沟通感情、获得信任与支持的保证。

如果你的孩子见人还不懂得主动打招呼，那就要从现在开始培养了。我们具体可以从下面几方面来培养。

1. 告诉孩子，不打招呼的孩子不会受欢迎

很多孩子不打招呼，是因为他们不明白为什么要打招呼。这个时候，父母就要告诉孩子："看到别人不理睬是一种不礼貌的行为。不礼貌的人，别人是不会喜欢的，也交不到更多的朋友。这样的话，有了困难，别人也不会来帮助他，有了开心的事，别人也不会来和他分享，他自己就会逐渐变得很孤独。"

当孩子知道，不和人打招呼会有这么多坏处，自然就不会再拒绝和他人打招呼了。

2. 父母要做好孩子的示范

父母是孩子最好的榜样，要想自己的孩子见人打招呼，父母就要成为孩子的典范。例如，父母带着孩子走在小区里，碰到小区里的老人，父母要主动打招呼："李阿姨，您去买菜啊。""赵叔叔，您在锻炼身体啊。"并让身边的孩子和老人打招呼："李奶奶好！""赵爷爷好！"

也许，有的孩子刚开始不愿意打招呼，那么父母就要一次一次地做示范，并一次一次地让孩子和别人打招呼。只要父母有意识地对孩子进行引导，时间久了，孩子自然而然就能变得彬彬有礼、落落大方了。

3. 让孩子知道打招呼不是简单地说声"你好"而已

很多孩子不喜欢和别人打招呼，是因为他们觉得打招呼没有什么意思，翻来覆去就是那几句："你好！""买菜呢？""散步呢？"甚至永远都是那么一句话："吃了吗？"

正是因为感到太过乏味，孩子才懒得打招呼。这时，父母就要让孩子知道，打招呼并不是形式，也不是做样子，更不是

一成不变的客套话,而是富有诚意的交流。

例如看到李奶奶在小区里锻炼,要教孩子这样打招呼:"李奶奶,您在锻炼呢?看您也锻炼了这么长时间了,腰疼的毛病好了没有?"

要让孩子知道,我们不是为了打招呼而打招呼,不是说声"你好"就行了,打招呼是为了引出后面富有诚意的交流,更是为了锻炼与他人的交流技巧,为口才的提升奠定好基础。

打招呼要注意哪些方面

要想打好招呼,表达出与人交往的诚意、发挥口才的重要作用,必须要学会打招呼的正确方法。因为打招呼的对象、场合、时间和对象的亲疏远近不同,打招呼的方法也会不一样。

有一天,小美走在路上,看见有个同学骑自行车迎面过来,她连忙大喊:"辉辉,辉辉!"

辉辉也匆忙地回答她:"小美,你好!"说完骑着自行车就要过去。

小美又喊道:"辉辉,你作业做完了吗?"

辉辉已经掠过了小美身边,没听清楚小美说的这句话,于是扭头大声问小美:"你说什么?"

小美正要说话,突然看到辉辉对面过来一辆电动车,连忙大喊:"辉辉,小心!前面!"

辉辉连忙回头,一个急刹车停下来,对面的电动车也停下来了,电动车的主人对着他吼道:"骑车干吗往后看?"辉辉一顿解释、道歉,对方才离开。

这时,小美也走了过来。辉辉生气地跟她说:"我骑着自行车,你跟我说什么话啊?有什么话不能明天到学校再说吗?"

小美不好意思地说:"对不起,辉辉,妈妈告诉我见到同学要主动打招呼、说话,所以……"

打招呼是训练孩子口才的第一步,是孩子接近对方的"借口",也是打开交谈双方"话匣子"的有效方法,但是,孩子都会打招呼吗?知道打招呼要注意些什么吗?像故事中的小美那样打招呼的方法对吗?

要想打好招呼,表达出与人交往的诚意、发挥口才的重要作用,必须要学会打招呼的正确方法。因为打招呼的对象、场合、时间和对象的亲疏远近不同,打招呼的方法也会不一样。

1. 孩子打招呼要看对象

对象不同,孩子打招呼的内容就会有所不同:遇到师长要说尊称:"老师,您好!"或者"阿姨,您好!"和同学打招呼可稍微随意点:"小华,早!"和爸爸打招呼可以说:"爸,您下班了。"

如果打招呼的对象中既有长辈又有同辈,孩子要注意先向长辈打招呼,再向同辈打招呼:"叔叔阿姨好,小朋友们好。"如果打招呼的对象很多,可以这样打招呼:"大家好啊,在聊什么呢?"

总之,根据打招呼的对象不同,要转变自己的称呼、内容、语气、方式等,如果打招呼的内容千篇一律,不仅对方不爱听,自己说着也没意思。

2. 对象的亲疏远近不同,打招呼的方式也不同

孩子和熟悉的、亲近的人打招呼要亲切、自然,不要有过多的客套话,例如和妈妈打招呼:"妈,您起来了。"和同学打招呼:"小明,等等我。"和小区里每天都碰到的小朋友打招呼:"龙龙,又在玩皮球呢。"

而和陌生人打招呼就要礼貌客气多了:"叔叔,对不起,打扰一下,请问……"或者:"您好!请问……"切记不要用这种不礼貌的打招呼的方式:"哎,那个穿红衣服的……"这样打招呼,对方要么会不理睬你,要么会恶狠狠地瞪你一眼:"你跟谁说话呢?"

所以,孩子要根据亲疏远近关系的不同,采用不同的打招呼的方法,才会让对方觉得你是个口才好的人。

3. 相遇的时间和场合不同,打招呼的方法也不同

孩子还要注意和打招呼的对象相遇的时间和场合,如果对方是在上班或办事情的途中,打招呼要简洁,说声"你好"就可以,切不可啰里啰唆,甚至缠住对方攀谈,这只会令对方反感。若对方正在和别人说话,那么你不打招呼会显得没有礼貌,说得太多又会打扰别人谈话,这时不妨点头微笑。如果对方比较空闲,则可以多说几句。

在公共场合或有其他不熟悉的人在场时,打招呼要正规,

即便是熟人也不能过于随便,尤其不要问私密的话题,例如:"嗨,小琳,这次考试你考了多少分啊?"这些话题在有别人在场的时候,对方一般不想说,而如果你问出口的话,会使对方尴尬。

4. 打招呼时的态度要主动、真诚和自然

除了准确运用打招呼的方式、方法,还要注意打招呼时的态度。首先打招呼要主动,礼多人不怪,不要总等着别人先打招呼,否则就很容易让人误会你骄傲;其次是要有诚意,要发自内心地向他人表达尊重之意,即便是简短地打招呼,也要看着对方,说话要真诚,不虚伪;最后态度要大方、从容、自然,不能紧张地想说又不敢说,或者只有称呼没有问候,叫声"阿姨"就匆匆忙忙地走了。

真诚、自然地打招呼,一定能获得他人的暗自称赞,良好的人际关系由此而生,好口才的大门就此打开。

5. 视环境打招呼

案例中的小美,虽然打招呼的语言没有错,但这不是一个适合打招呼的环境,所以自然也有些不恰当。因此,父母就应该提醒孩子,诸如在马路上、体育比赛中就不要打招呼,以免发生不必要的危险。

用鼓励、表扬给孩子注入更强的自信

人本能地都喜欢被别人喜爱、被别人理解。孩子的心灵犹如玻璃般透明，更需要父母的呵护与赏识。

早上，妈妈送秀秀去幼儿园。到了幼儿园门口，老师看到秀秀，热情地和她说："秀秀来了呀！秀秀妈妈早上好！"秀秀妈妈连忙也和老师问好，但秀秀却没有说话。

下午放学时，妈妈去接秀秀，看到秀秀正在操场上等她，这时一个小男孩跑过来，对秀秀说："咱们一起玩吧。"秀秀看了看他，没有说话，扭身跑掉了。

妈妈和秀秀一起走在回家的路上，看到同一个小区里的小强走在前面，就对秀秀说："秀秀，你看，小强哥哥在前面，咱们去和他打个招呼吧。"

秀秀和小强很熟悉，平时总在一块玩，两家的父母也很熟。秀秀跑了过去一个劲儿地叫着："小强哥哥，小强哥哥。"还问候小强的妈妈："阿姨好！"

小强看到秀秀跟他说话，热情地拉着秀秀的手，两人一块儿往家里走去。

小强的妈妈看到秀秀这么有礼貌，说："秀秀真是个好孩子，见人打招呼，真有礼貌！"

秀秀听到阿姨夸她，不好意思地笑了笑，秀秀的妈妈也连忙说："是啊，秀秀很有礼貌，阿姨都夸你了，以后看到老师和别的小朋友也打招呼，那秀秀走到哪里都是个受欢迎的好孩子了。"

这时候，秀秀不好意思地笑了。从那以后，秀秀见到老师和其他小朋友也知道主动打招呼了。

鼓励，是最能帮助一个人进步的方法。在秀秀没和老师打招呼也没和幼儿园的小朋友说话时，秀秀的妈妈并没有对秀秀做过多的干涉，但在秀秀主动与小强哥哥和小强妈妈打招呼时，两位妈妈都毫不吝啬地给了鼓励和表扬，这是秀秀后来能够和其他人主动打招呼的重要原因。

许多儿童教育家都非常重视鼓励的作用。如果把孩子比喻成树苗，鼓励和表扬就犹如水分，有了水的浇灌，小树苗才会健康地成长。这个道理很简单：人本能地都喜欢被别人喜爱、被别人理解。孩子的心灵犹如玻璃般透明，更需要父母的呵护与赏识。而鼓励和表扬就像是自信的种子，播撒在孩子的心田，让孩子有了做事情的勇气和力量。

当然，有的父母会这样认为：如果"问声好"都要表扬，那岂不是什么事都要表扬？老是表扬，会不会滋生孩子骄傲的心理？父母之所以这样想，是因为并没有真正地了解鼓励的含义。

首先，父母要明白：鼓励和表扬是为了给孩子注入更强的自信心。没有自信心，孩子不但不会和人打招呼，做其他事情也不容易成功；其次，当孩子刚学会与人打招呼时要多鼓励，在孩子已经养成打招呼的习惯后，就不必次次鼓励了。

所以，父母要学会如何表扬和鼓励孩子才会更有效果，也要学会如何鼓励才能避免不好的后果。下面我们就为父母总结了几条方法。

1. 充满爱意地鼓励

父母在鼓励和表扬孩子时，不要只是运用泛泛的语言，而应该是充满爱意的举动。我们可以摸摸他们的头,把他们抱在怀里,充满爱意的举动加上鼓励的话,这样就会让孩子有更温暖和更深切的体会,从而有了自信心。

2. 不该表扬的时候别乱表扬

有的父母听说表扬很有作用,就开始滥用这种方法。其实,这样也是不对的。表扬一定要实事求是,如果孩子做得不好或者不对,父母也随便地表扬一通:"你真棒!"孩子就会想:"我做得对,你表扬;做得不对,你也表扬,这表扬有什么价值?"那么表扬就会对孩子失去作用。

正确的做法应该是:当孩子和人打招呼的方法不对或言辞不妥当时,父母要给予纠正,也可以做出适当的、委婉的批评,或者暂时不要吭声,让孩子自己去发现自己的做法哪里不妥。父母可以给予孩子鼓励,但一定不能没有原则地乱表扬。

3. 表扬不要夸大其词

对孩子的良好表现,父母要根据不同的情况给予恰如其分的鼓励和表扬,也就是说夸奖要适度,不可夸大其词。

比如说孩子仅仅是和别人问了声"你好",父母就过于兴奋地说:"孩子,你太棒了,你的口才太好了,简直是个语言小天才。"这样夸张的表扬,孩子自己也不会相信。

不切实际地过度表扬,还容易造成孩子的虚荣心,效果会适得其反。所以,我们要牢牢把握住表扬的"度"。

搞清楚复杂的称谓才会打招呼

搞清楚了复杂的称谓，孩子自然就知道该怎么叫人了，也会主动和人打招呼了，这样他的口才就有了锻炼的机会。

小威7岁了，却总是记不清楚对家里的那些亲戚该怎么称呼。过春节了，小威跟着爸爸妈妈去走亲戚，先是来到外婆家，爸爸妈妈对小威说："快叫外公外婆、舅舅小姨、表哥表姐。"小威连忙胡乱叫了一通。

第二天，他们又来到爷爷奶奶家里，爷爷奶奶家里人更多了，爸爸妈妈给小威介绍："这是大伯，这是姑姑，这是堂弟，这是姑姑的女儿，快叫表姐。"

小威有点儿糊涂了，人怎么这么多？这都有什么区别？为什么小姨的女儿叫表姐？姑姑的女儿也叫表姐？姑姑和小姨年龄差不多，为什么叫的不一样？为什么不能都叫阿姨？这些问题把小威的头都搞大了。

又过了几天，爸爸妈妈带小威回农村老家，老家的亲戚朋友也很多，左一个哥哥，又一个姐姐，这个大伯，那个叔叔，还有姑爷和姑奶，一个个都要叫，小威更纳闷了："怎么还有姑爷和姑奶？和爷爷奶奶有什么不同啊？"总之，他搞不清楚这些人和自己有什么关系，干脆就和谁也不打招呼，和谁也不说话了。

亲戚们都说:"哎呀,小威不太爱说话啊。"

父母也不明白,一向爱说话的小威怎么不吭声了呢?

其实,小威不是不打招呼、不爱说话,他只是弄不清楚谁是谁,不知道怎么叫,万一叫错了,又怕受到父母的指责,索性就不吭声了。很多孩子在成长的过程中都会遇到这样的情况。有时即使父母给孩子解释了,他们一时也很难理解,于是他们选择了沉默,选择了将口才技能"封印"。

遇到这样的情况,父母一定要理解孩子的心情,虽然孩子早就会说话了,但他们的思维能力和理解能力还跟不上,有些东西要随着他们年龄的增长、阅历的增加,需要慢慢去接受和理解。我们要做的,就是帮助他们搞清楚大人们复杂的称谓,耐心细致地告诉他们每个称呼的区别,谁和谁是什么关系,什么是直系亲属,什么是旁系亲属,为什么这个必须这么叫,那个又必须那么叫。

最关键的是,我们不能脾气暴躁地训斥孩子。一次、两次,孩子可能还是弄不明白,父母不要着急,要多教几次,让孩子自然而然地学会这些复杂的称谓。搞清楚了这些复杂的称谓,孩子自然就知道该怎么叫人了,也会主动和人打招呼了,这样他的口才就有了锻炼的机会。

在这个过程中,父母可以采用以下几种方法来帮助孩子。

1. 从书中弄清楚复杂的称谓

孩子总是很难理解抽象的语言,不如给孩子买一些这方面的书籍，最好是带图片的，上面有爷爷奶奶、爸爸妈妈、叔叔姑姑、舅舅姨妈的图片，教孩子逐一认识图片上的人物和称谓，并联系孩子生活中的实际亲属进行讲解。

2. 孩子叫错了要在背后纠正

孩子如果叫错了称谓，父母千万不要当着他人的面纠正孩子："不对，不对，你不应该这么叫。"而是应该找个合适的时机对孩子说："你今天下午在电梯里打招呼的那个叔叔啊，其实应该叫他伯伯。"孩子就会问："为什么叫他伯伯啊？"父母就要告诉孩子："因为他比你爸爸的年龄大，比你爸爸年龄大的叫伯伯，比你爸爸年龄小的就叫叔叔。"在这样的情况下，孩子一定会乐意接受你的纠正。

3. 利用影视作品帮孩子弄清楚复杂的称谓

父母经常和孩子一起观看一些电视剧，剧中总是有很多家庭、很多人物，也有复杂的亲属关系和称谓，父母可以一边和孩子观看一边问孩子："这俩人是什么关系啊？""这两家人是什么关系啊？"从而让孩子自己去思考剧中人物的关系。

孩子如果弄不清楚，父母就应及时给孩子讲解。孩子为了看懂电视剧，一般都会很耐心地听父母讲。这样，在寓教于乐、不知不觉中就帮孩子弄清楚了复杂的称谓。

教孩子大胆地和陌生人说话

不管是熟人还是陌生人,他们之中有好人也有坏人。父母禁止孩子和所有的陌生人说话,等于在告诉孩子:所有的陌生人都不是什么好人。

这一天,小天和妈妈一起外出买东西。妈妈在一个小商店里和老板讨价还价,小天就站在商店门口等妈妈。这时走过来一个叔叔,看见小天站在那里,就问他:"第五小学是不是往前面走?"

小天知道第五小学就在前面,他就在那个学校上学,但他并没有理睬这个人,而是往妈妈身边走了几步,站到了离妈妈更近的地方,因为妈妈告诉过他,千万不要和陌生人说话,现在的社会太复杂,坏人太多,即便是打招呼都不行。

这位叔叔看小天不吭声,就往与第五小学相反的方向走去,小天一看心里很着急,这位叔叔往那边走肯定找不到学校。他本想叫住那位叔叔,但想起妈妈的话,还是把到嘴边的话咽下去了。

的确,故事里小天妈妈的担忧是正常的,社会上确实有一些骗小孩的事情发生,电视里、报纸上也有一些这样的报道。面对复杂的社会环境,父母当然要让孩子学会自我保护,简便易行的方法就是：不要和陌生人说话，远离陌生人。

不但父母这样要求，有些学校也有明文规定"不要和陌生人说话"。不可否认，父母和学校这样要求孩子，都是为了孩子的安全着想，但这样就能保证孩子的绝对安全吗？这样的要求对孩子的心理成长就没有负面影响吗？完全不和陌生人说话，堵住了孩子锻炼口才的一个重要渠道，这样的孩子，能够成为一位语言小天才吗？

答案当然是否定的。一个拥有良好口才能力的人绝不是一个对陌生人冷淡的人。不管是熟人还是陌生人，他们之中有好人也有坏人。父母禁止孩子和所有的陌生人说话，等于在告诉孩子：所有的陌生人都不是什么好人。

有的父母会说："为了保护孩子的安全，我必须这样做！"但事实上，这是一种疏于教育的懒惰的借口。教会孩子自我保护的能力是应该的，但不可矫枉过正，也不可"一刀切"，而是应该让孩子学会警惕陌生人，让孩子学会判断哪些陌生人是可以说话的、陌生人的哪些话是可以听的、哪些话是可以和陌生人说的。

如果用一个武断的规定就割断了孩子与陌生人之间的互相信任，这不是教育，而是弱化孩子的判断力与自我保护能力。与其不让孩子与陌生人说话，阻断孩子与成人的天然联系，不如让大人们好好地做好社会的净化工作，让孩子能放心地和陌生人说话。

那么父母应该怎样教孩子放心大胆地和陌生人说话呢？把握以下几条原则，父母就能放心不少。

1. 可以和陌生人打招呼，但不要过多攀谈

当有陌生人向自己的孩子求助的时候，或孩子需要寻求陌生人帮忙的时候，用简单的几句话解决问题就可以了，不要过多地攀谈。就像上面故事中的那位叔叔问路，孩子告诉他怎么走就行了，其他的话不要说太多，以免把不该说的都说了，给坏人可乘之机。这样，孩子既能进行语言上的锻炼，也可以最大限度地保护自己。

2. 无论陌生人怎么诱惑，都不能和陌生人一起走

不可否认，社会上确实有一些坏人，针对孩子年龄小、容易上当受骗的特点，用各种各样的方法诱惑孩子。对这样的情况，父母一定要提前给孩子打好预防针：无论陌生人说什么甜言蜜语，给了什么好吃的、好玩的，做出什么承诺，或说认识家里的什么人，都不能和陌生人一起走。如果遇到这种不停诱惑自己的陌生人，就不要理他们，而是要离他们远远的。

3. 家庭隐私绝对不能告诉陌生人

父母还要提前告知孩子，如果有陌生人向孩子打听家里的情况：父母叫什么名字、在哪里工作、是什么职位，家庭住址在哪里，自己在什么学校上学等，只要牵扯到自己和家人的事情，一律不能告诉陌生人。有不良企图的陌生人看到孩子的口风这么紧，自然就会灰溜溜地知难而退了。

当然，最重要的是不能给孩子灌输"陌生人都是坏人"的观点。一旦孩子有了这种思维，那么必然会用紧张、压抑的心态来面对世界、面对他人，这个时候的他怎敢开口说话，怎能收获一份过人的口才技能？

良好的开场白打开对方的话匣子

良好的开场白再加上真诚的笑容，这是有效交流不可缺少的一个因素。开场白不拘泥于形式，只要能自然地展开交流，什么样的方式都可以尝试。

春节的时候，小伟回老家看望姥爷和姥姥。一进姥爷家里，小伟就看到表弟躲在一边一个人玩，看到他时有点害怕，也不和他说话。小伟10岁了，表弟只比他小两岁，他觉得他俩应该能玩到一起。

于是小伟走过去，跟表弟说："在玩什么呢？"表弟看了他一眼，没有理他，仍然自顾自地玩着。

小伟觉得很没趣，讪讪地走开了。妈妈在一旁看到了，问小伟："怎么不和表弟玩呢？"

"表弟不理我，可能是跟我不熟吧。"小伟说。

"你姨妈跟我说过，表弟爱看超人的动画片，你跟他聊聊超人，没准儿他会有兴趣的。"

小伟听妈妈这么说，就又走了过去，对表弟说："你喜欢超人吗？"

表弟这次抬起了头，说："嗯。"

"那你喜欢雷欧·奥特曼还是泰罗·奥特曼？"小伟问。

"泰罗，你呢？"表弟问他，很明显，他对这个话题很感兴趣。

"我也喜欢泰罗。"于是，小伟和表弟热烈地讨论起来。

开场白，就是文章、介绍或讲话等开始的部分。好的开场白能迅速地拉近与他人的距离，吸引他人对自己的注意力，让他人对自己产生良好的印象，为双方进一步的沟通和交流做好铺垫。一些口才达人，例如奥巴马、卡耐基，他们一定会在与他人交流时展现出精彩的"开场白"。

然而，有些孩子认为，我已经打了招呼了，还要什么开场白啊？归根到底，是因为孩子没弄明白打招呼和开场白的区别。想在打招呼之后有进一步的交谈，就必须要有合适的开场白作为过渡。如果没有适当的寒暄或者开场白，通常会被别人理解为不想与之深谈或不愿与之结交，这样就会失去深谈或者结交朋友的机会。

这就是为什么那些口才好的人能迅速打开双方的"话匣子"。良好的开场白再加上真诚的笑容，这是有效交流不可缺少的一个因素。并且，开场白不拘泥于形式，只要能自然地展开交流，什么样的方式都可以尝试。

我们为孩子总结了以下几种开场白的方法。

1. 能迅速拉近距离的"开场白"

套近乎是用得最多的，也是最简便易行的开场白的方式，这种方式能迅速拉近人与人之间的距离。

例如孩子想认识一个同学，知道他喜欢打篮球，就可以跟他说:"你喜欢打篮球,我也喜欢,有时间切磋一下啊。"或者说:"你也姓赵?咱们还是一家子呢,有时间一起玩啊。"或者说:"你妈妈也在某某单位啊,和我妈妈是同事啊,有时间让你妈妈带你到我家里来玩啊。"

找到自己和对方的共同点,就有了套近乎的理由,也就很容易和对方走得近一些了。

2. 简单问候式"开场白"

有时候,开场白并不需要那么多话,简单的问候同样能起到作用,特别是跟熟悉的朋友见面,过多的开场白可能显得虚伪、不够自然,不如亲切地说一声:"好久没见了,最近好吗?"这既和打招呼不同,又显得不那么刻意,也能引出下面的谈话。对于较为内向的孩子来说,这种方式应当积极鼓励,这是他迈向口才达人的第一步。

3. 以赞美对方为开场白

每个人都有自己的优点和长处,都喜欢得到别人的赞美。孩子在与人交谈时,如果能以直接或间接的赞美作为开场白,一定会让对方觉得心情愉快,两人之间的谈话也会有一个好的气氛和开始。

例如:孩子可以这样说:"你的书包真漂亮!在哪里买的啊?"

就是这样一句真诚的赞美,使原本陌生的两个孩子开始了亲切的交谈。

4. 以闲谈作为开场白

孩子与孩子之间其实是很容易接近的,有时通过闲聊就能攀谈起来。就像孩子到公园里玩，看见一个小男孩在玩，就可以主动走过去说："你在哪个学校上学啊？我在第五小学。"这样的开场白简单又有效，孩子也很容易掌握。

5. 开场白要友好而恰当

开场白要表现出对别人的友好和尊重，不能敷衍了事般地打哈哈，也不可戏弄对方，说别人忌讳的话题。比如"你怎么又胖了啊？"或者"来了，怎么眼睛还是这么小？"这势必会导致他人的反感，长此以往，孩子就无法和他人进行良好的沟通，那么过硬的口才就成了空谈。

6. 聊自然现象也是一种开场白

在对别人一无所知，或不知道说什么的时候，为避免冷场和尴尬，可以聊聊天气、交通等每个人都接触和熟悉的事情，只要态度诚恳、语气亲和，也可以让说话的双方展开话题。

比如："今天好热啊，我来的时候快要被晒化了。"或者说："交通好堵啊，我坐了快一个小时的车才到这儿。"这样的交流，势必会拉近彼此的关系，口才训练的渠道也就此打开。

当众批评只会让孩子更不敢开口

当孩子不愿与他人打招呼时，不要马上当众批评孩子"真不懂礼貌"，这样会伤害孩子的自尊心，甚至导致他出现心理问题，让原本优异的口才能力就此"陨落"。

"五一"放假了,爸爸妈妈准备带着优优出去游玩。走出家门刚进电梯,就碰到楼上几位邻居,一时间电梯里拥挤不堪,优优感到很不舒服,她紧紧地搂住爸爸的脖子,盼望电梯门快快打开。

可是,爸爸妈妈并没有发现优优情绪不佳,他们不但热情地同邻居们寒暄,还捏捏优优的小手,示意她主动和叔叔阿姨打招呼,向爷爷奶奶问好。优优本来心情就不悦,盯着电梯里的这些人看来看去,最终没说出一句话来。

妈妈这下生气了,带着批评的语气说:"优优,怎么回事啊?快向叔叔阿姨问好啊?你怎么这么不懂事?哎,你永远都不让我省心!"

优优听了立刻闭紧了小嘴,最后干脆把头扭到一边,表示抗议。妈妈更加难为情了,她不明白优优一向活泼开朗,在家里也是伶牙俐齿的,路上见了幼儿园的小朋友还知道主动打招呼,可为什么见了长辈就不说话了呢?

其实,妈妈不知道,优优本来是想打招呼,可是见到电梯里有这么多的人,她一时不知道该怎么向他们问好了。而且她在想:妈妈为什么要批评我?为什么我就一定要打招呼?我又不认识那些人,我就是不喜欢被妈妈逼着打招呼!

可以看出,优优在见到自己认识的小朋友时,就会自然地主动打招呼,可见她并不是不懂得见人打招呼的道理,那她为什么当着众多人的面却变得沉默不语了呢?为什么她的口才技能此时突然"封闭"了?

想要解决这个问题,我们就要从孩子的本性说起。

一方面,六七岁的孩子自我意识和自尊心已经开始觉醒,这时就会逐渐显示出自己的主见。孩子在被父母要求向他人问候的时候,会感到自己很没面子,再加上父母的批评指责,更会产生逆反心理,于是以沉默表示抗议就很自然了。

另外,平时伶俐乖巧的孩子,偶而一次不打招呼一定有他自己的原因。就像优优一样,面对许多需要打招呼的同时又是自己很不熟悉的人,她就有可能不知道如何应对。挨个问好显得太麻烦了,一次性打招呼,又不知道该怎么称呼,而且这些叔叔阿姨并不是自己认识的,只不过是父母要求做的,干脆就全免了。正在犹豫的瞬间,爸爸妈妈着急了,还批评孩子"不懂礼貌",那么孩子就会索性抵抗到底,就是不开口。

因此,当孩子不愿与他人打招呼时,不要马上当众批评孩子"真不懂礼貌",这样会伤害孩子的自尊心,甚至导致他出现心理问题,让原本优异的口才能力就此"陨落"。父母应该慢慢引导,同时应该对他表示关怀、爱护,并且陪同他寻找方法,主动开口招呼人。

1. 说明打招呼的理由

孩子的成长是一个由个体化到社会化的过程,在这个过程中,孩子最主要的变化就是学会与人交往。那么,见人打招呼就是与人交往的第一步了。这期间,孩子可能会有很多疑问:为什么见人要打招呼?为什么对不认识的大人也要叫"叔叔""阿姨"?

这时，就可以告诉孩子打招呼是一种礼仪，表示一个人懂礼貌、有修养，大人见了面要打招呼，孩子同样也是。而且，礼貌地打招呼之后，不管是问候者还是被问候者都能从中感到愉悦。

2. 了解孩子的想法

父母遇到孩子不打招呼的情况时，不妨先问问孩子是如何想的，然后告诉他具体应该怎么做。比如，我们可以私下问一问孩子，让孩子说说在见到的人中喜欢谁，引导其在下一次见面时主动问候这位叔叔、阿姨，或爷爷、奶奶。

当孩子做到这一步的时候，我们再告诉他同时也不能忽视其他人，然后引导他同时向一两个人问好，逐渐学会向更多的人问好。在这一过程中，父母始终都要做好表率，用自己的热情感染孩子。

3. 为孩子做介绍

很多时候，孩子一时不知道该怎样称呼眼前的长辈，这时父母应当细心引导孩子，主动为孩子做介绍。比如，父母可以这样说："这位是住在咱们家楼上的奶奶，他们家有只漂亮的小猫咪，你不记得了吗？"如果孩子还是不愿意招呼人，可以立刻转移话题，从而代替指令性的语言，这才是明智的家长应该做的。

还有的父母喜欢抢先命令孩子："快叫奶奶！""快向爷爷问好！"这样孩子反而会感到害羞，依然我行我素，最后父母不得不以"这孩子太害羞"等结论敷衍了事。孩子一旦陷入这种境地，就会接受这种心理暗示，然后就再不肯主动开口打招呼了。

让孩子学好口才，首先就要让他学会主动开口打招呼，但这不是命令，而是让孩子轻松自然地开口说话。当孩子紧闭嘴巴拒绝打招呼时，更不要批评指责，而是要弄清楚孩子心里的想法，引导孩子主动开口。

魔法二
介绍，把思维转化为语言的过程

介绍自己是把自己介绍给别人，而介绍他人是把他人介绍给另外的人。自我介绍，是要别人了解你；介绍他人，是让他们彼此了解。这，就是介绍的意义。

通过自我介绍，孩子学会了表达自我，开始接纳他人走近自己，开始学习如何交谈。他们尝试把自己的思维转化为语言，他们的口才训练开始有了更多的内容。

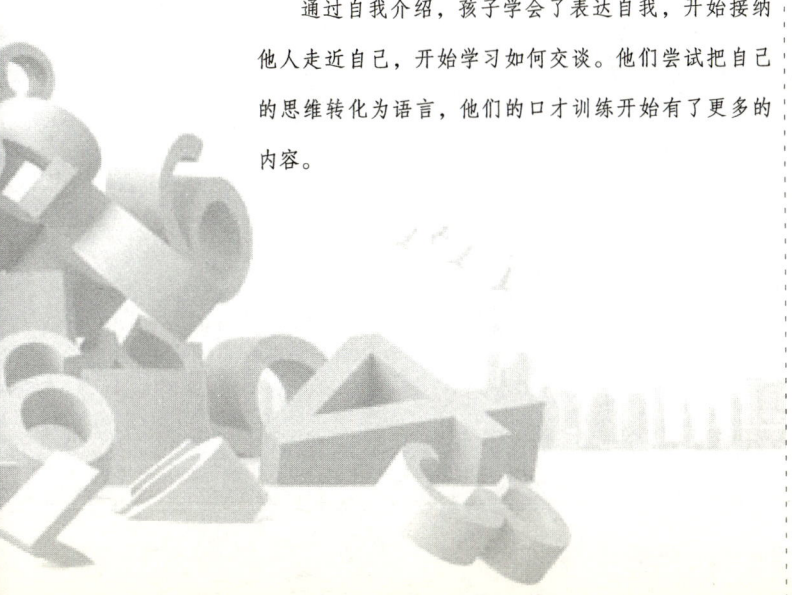

自我介绍与介绍他人

　　自我介绍是向别人展示自己的一个重要手段。自我介绍得好不好，直接关系到你给别人第一印象的好坏，同时也是认识自我的手段。而介绍他人是介绍彼此不认识的双方互相认识。

　　星期天，小志到同学小雷家里来玩，两个人一边吃着零食一边看动画片，这时，小雷的邻居小凯也来找他玩。小雷一会儿和小志说说话，一会儿和小凯说说话，今天有两个朋友陪他玩，他感到非常高兴。

　　过了一会儿，小雷上厕所，从厕所出来，他看到小志和小凯一人坐在沙发的一头，谁也不说话，都有点不自在，小雷说道："你们俩怎么不说话？聊聊天嘛。"

　　妈妈在一旁听到了说："他们俩不认识，你应该给他们介绍介绍，他们认识了，自然就会说话了。"

　　小雷知道如何给别人做介绍，只是他一时忘了。他连忙说：

"对，对，都怪我，我怎么忘了给你们做介绍了。"

于是，他指着小凯对小志说："这是小凯，是我邻居，比我们俩小两岁，上三年级了。"

小志马上对小凯点点头说："你好！"

小雷又指着小志对小凯说："这是我同学小志，和我关系可好啦。对了，你们两个不是都喜欢玩魔方吗？小凯，把你的魔方拿来给小志玩玩好不好？"

小凯连忙点头："好，好。"于是马上跑回家把自己的魔方拿来了。

小志和小凯玩起了魔方，说说笑笑的，非常开心。小雷看着他们开心的样子，也非常高兴。这以后，小志和小凯成了朋友，经常约着一起玩。小雷对此也非常有成就感，妈妈也夸奖他："你现在不但会介绍自己，还能成功地介绍别人认识，口才越来越棒了。"

从这个故事中，孩子可以更加清楚地了解什么是介绍他人，从中也可以发现介绍他人和自我介绍的诸多不同：自我介绍是向别人展示自己的一个重要手段，自我介绍得好不好，直接关系到你给别人第一印象的好坏，同时也是认识自我的手段。而介绍他人是介绍彼此不认识的双方互相认识。

也就是说，介绍自己是把自己介绍给别人，而介绍他人是把他人介绍给另外的人。除了定义上的不同，自我介绍和介绍他人还有很多不同的地方。孩子只有掌握了两者的不同，才能更好地自我介绍和介绍他人，从而拥有好的口才。

下面就让我们更加清晰地来了解一下自我介绍和介绍他人的区别。

1. 自我介绍是认识自我，介绍他人是认识他人

通过自我介绍，孩子可以对自我有更加全面、清晰的认识，对于孩子来说，能更好地认识自我并不容易；而通过介绍他人或他人介绍，则能有更多的机会认识他人，社交范围会因此越来越广，这是两者的首要区别。

2. 自己在其中充当的角色不一样

介绍自己时，孩子用的是第一人称，只需说明"我是谁"就可以了；但在介绍他人时，自己充当的是第三方的角色，自己的任务是把双方介绍清楚，让他们认识，甚至成为朋友，所以，在这两者其中，孩子充当的角色是不同的。

3. 介绍他人最好事先征求双方同意，介绍自己则通常没有这个要求

孩子介绍自己的时候，只需要自己愿意就可以，不需要经过他人的同意；而介绍他人时，自己不能随便作决定，最好是向被介绍的双方打个招呼，征得对方的同意："你想认识某人吗？我给你们介绍一下。"这样的话，万一对方并不想认识他人，自己也不会"好心办坏事"。

4. 所配合的手势不同

介绍自己的时候，孩子的手通常是指向自己，可以放在自己的胸前说："我叫小明，今年 8 岁了……"而介绍他人时，孩子就必须把手掌指向被介绍的人："这位是……"所配合的手势不同也是自我介绍和介绍他人的区别之一。

5. 对口才能力的要求不同

自我介绍和介绍他人的最大区别，恐怕在于对口才能力的要求不同：孩子在介绍自己的时候，只需要把自己一个人介绍清楚就可以了；而介绍他人则需要把两个人甚至是多个人介绍清楚。

不仅如此，介绍自己只需按照姓名、年龄等由简到繁的逻辑顺序表达就可以；而介绍他人必须按照人物关系的顺序，先介绍晚辈和男士，再介绍长辈和女士。在介绍某一个人的时候，还必须按照和自我介绍一样的逻辑顺序表达。

孩子要把多个人介绍清楚，把其中的各种顺序弄明白，没有好的逻辑能力和过硬的口才是不可能做到的，所以，孩子学会了介绍他人，口才较之自我介绍时，肯定又上了一个新台阶。

练好普通话，让所有人听懂你的介绍

只有多鼓励孩子说普通话，他才能一点点地掌握。而当他可以流利地说出普通话时，和其他小朋友就没有了交流障碍。

丹丹的妈妈是福建人，爸爸是山东人。小时候，由于爸爸妈妈工作非常忙，所以她一直由爷爷奶奶和外公外婆轮流照顾，大约每过半年左右，家中的"主流"语言环境就要换一次。在外公外婆负责带孩子的时候，孩子就跟着学闽南语，而在爷爷奶奶带时，听到的则是山东话。

渐渐地，丹丹到了上学的年龄。这个时候，父母猛然发现她说话并不像其他孩子那么清晰、准确。而且由于丹丹只会说闽南语和山东话，导致她经常听不懂老师在讲什么。

由于沟通出现了问题，下课后，其他小朋友一起做游戏，丹丹也从来不参加，因为其他孩子讲的都是流利的普通话，丹丹听不懂也不会说，只好躲在角落里一个人玩，回到家后就哭闹着不要再去学校了，妈妈鼓励她和其他同学一起玩，她却大哭道："同学们说我连自我介绍都说不清楚，没人愿意和我玩！"

丹丹之所以无法顺利地介绍自己，无法和同学们打成一片，就在于她的普通话太差劲，将她的口才发展渠道彻底堵死了。

对于这一点，父母必须承担所有责任。其实，孩子天生就有超强的语言模仿能力，如果丹丹的父母抓住这一特点，并教孩子练习一口字正腔圆的普通话，孩子自然会受到良好的熏陶，相反，如果父母没有给孩子一个良好的语言环境，孩子就会因为听不懂、不会说普通话而不愿意开口说话。

那么，究竟怎样让孩子练好普通话呢？

1. 在娱乐中提高孩子的普通话水平

对于普通话不标准的孩子，父母不妨借助电视、图书、磁带、光盘、MP3等工具。比如，每天陪着孩子一起看《新闻联播》等使用标准的普通话的节目，会使孩子受到标准普通话的影响。

同时，父母还可以买一些讲故事的CD，给孩子提供一个听故事学普通话的机会。目前，我国出版的儿童CD，其中的故事多是由专业的播音员和普通话很好的演员或老师朗诵的，这都是孩子学习普通话的很好的途径。

另外，让孩子在动画片里学习普通话也是必不可少的，这样一来，孩子既看到了喜欢的动画片，又学到了普通话，这样寓教于乐的方式，孩子更能够接受，更愿意开口讲普通话。

2. 让孩子接受正规的普通话训练

如果孩子已经到了八九岁的年纪，而普通话很不标准，那么学习普通话的难度就会更大一点。这个时候，有条件的家庭可以让孩子参加青少年宫小主持人培训班，接受正规的语言培训。

3. "以身作则"，让孩子跟家长一起练好普通话

首先，家长要提高自身的普通话水平，坚持用普通话与孩子交流，因为孩子天生好模仿，愿意与人交流，父母就可以因势利导，用普通话和他交流，同时，也要求父母们本身要有较高的普通话水平。

在平时，父母应尽量规范自己的语言，保证正确发音，遇到语音不能确定的字、词，就查字典，及时纠正错误，以确保在孩子面前运用正确的语言。

其次，为了营造良好的普通话环境，父母还需要与家人共同努力，都参与到讲普通话的队伍中，孩子受到良好的熏陶，就会在不知不觉中模仿、学会、说好普通话了。

4. 时刻提醒孩子说普通话

想要让孩子把普通话讲得标准、流利，就需要家长时刻提醒孩子说普通话。

阳阳的家里到处贴着"要说普通话"的醒目标志，只要是阳阳看得见的、经常去的地方，妈妈都会贴上这样的标志来提醒阳阳说普通话。

平时，阳阳与同伴交流的时候，妈妈也总是耐心地在旁边鼓励他用标准的普通话与人沟通。每天，阳阳妈妈都要求阳阳用普通话朗读一篇文章，这样不但锻炼了孩子的表达能力，更让孩子的普通话得到了有效的练习。

只有多鼓励孩子说普通话，他才能一点点地掌握。而当他可以流利地说出普通话时，和其他小朋友就没有了交流障碍。这个时候，他自然愿意组织出最恰当的语言，进行一番精彩的自我介绍。

用卓越的口才"秀"出自己

自我介绍也是认识自我的一个途径。通过自我介绍，孩子可以对自己进行一个有意识的梳理和全面的总结。

星星是个性格开朗的孩子，口齿伶俐，喜欢说话，无论走到哪都"叽叽喳喳"的。平时走到小区里，见到谁都喜欢和人打招呼："叔叔好！""奶奶好！""玲玲好！"嘴巴可甜了。

有一次，爸爸的一个同事来家里了，一进门，星星就高兴地冲爸爸的同事喊："叔叔好！"

叔叔笑笑说："好有礼貌，你好！你叫什么名字？"

"我叫星星。"

"哦，你几岁了？在哪里上学？上几年级了？叔叔的问题太多了，干脆，你做个自我介绍吧。"

"自我介绍？"这下星星不明白了，什么是自我介绍啊？他还从没做过自我介绍呢。星星摸着后脑勺，不知该怎么回答。

爸爸赶紧说道："星星还没做过自我介绍呢，今天我来介绍星星，以后星星就知道怎么介绍自己了。星星6岁了，在中心小学上学，刚上一年级，爸爸叫王宇，妈妈叫李红。星星最喜欢看动画片，最喜欢吃可乐鸡翅。"

"哦，原来这就是自我介绍啊，那我会了。"接着，星星又问爸爸，"为什么要自我介绍啊？"

"为了让别人更了解你啊。要不然，别人该怎么和你聊天？别人不了解你，你又怎么开口呢？"爸爸说。

孩子在与一个人谈话时，先是打招呼、开场白，接下来就是进行自我介绍。这样的孩子，才是一个口才小达人。

然而在现实中，是不是有很多父母都为自己的孩子不知道如何自我介绍而烦恼？这些孩子不知道自我介绍要说些什么，就算知道也只是简单地介绍自己的名字。他们不懂自我介绍是与人交往中最重要的一个环节，是一种不可或缺的礼仪，更是决定未来口才能力的关键所在。

同时，自我介绍也是认识自我的一个途径，通过自我介绍，孩子可以对自己进行一个有意识的梳理和全面的总结。更重要的是通过自我介绍，可以增强孩子的语言表达能力、逻辑思维能力，提升孩子的自信心，在面对陌生的人或者环境的时候，他们可以从容不迫地用卓越的口才能力"秀"出自己。

特别是在孩子遇到困难，比如走失的时候，需要向他人求助，如果懂得自我介绍，就可以向他人详细描述自己的情况和父母、家庭的情况，以获得及时的帮助。所以，父母就必须帮助孩子学会自我介绍。

1. 通过自我介绍，孩子可以清晰地知道"我是谁？"

古人云："知人者智，自知者明。"但对于孩子来说，别说深层次的"自知"，就连对自己更全面一点的了解都没有。如果你问他们"你是谁？"他们的回答往往是"我是可可"、"我是乐乐"。知道自己叫什么名字，这就是他们对自己最多的认知。

面对这样的情况，父母当然希望孩子的"自我认知"有所提升，而"自我介绍"正有这样的作用。通过自我介绍，他们知道了"我"的定义不仅包含自己的名字，还包含自己的年龄、自己的学校、自己的父母、自己的爱好、自己的优缺点、自己的理想等，如此，他们对"我"的认识一下子丰富了很多。

而自我介绍就是要把如此丰富的"我"表达出来，这不仅是他们"自我认知"上的飞跃，也是他们心灵上的一种成长，更重要的是，这是他们成为口才小达人不可或缺的一个环节。

2. 自我介绍是打开双方"话匣子"的一把钥匙

在和他人接触时，孩子都有这样的经验：如果不知道对方是谁，对别人一无所知，就常常不知道说什么，话题很难展开，气氛也很难活跃起来，而一旦做了自我介绍，"冷场"马上消失，对方就会接着你的话说道："原来你也在市属第二小学上学，咱俩一个学校的，不过我比你高一级。"或者："你也上三年级，你数学学得怎么样？我觉得数学有点难呢！"

当对方从你的自我介绍中找到了和他的共同点或不同点，自然就有了交谈的话题，双方的话匣子就此打开，口才的锻炼也就此开始了。

3. 通过自我介绍，孩子知道了什么是"逻辑表达"

打招呼和开场白是最简单的语言训练。从自我介绍开始，孩子开始逐渐学习逻辑的表达，这么说的原因有两点。

首先，孩子的自我介绍有基本的顺序：一般是姓名、年龄、学校、父母、爱好、特点等，越复杂的越放在后面。孩子在自我介绍的过程中，不知不觉地就形成了由简单到复杂的逻辑表达能力。

其次，自我介绍通常在打招呼和开场白之后。孩子在与人交往的过程中要先打招呼，然后是简短的开场白，接着才是较为详细的自我介绍，这是事物的发展顺序，也是由简到繁的过程。孩子在这整个的表达过程中，学会了把思维转化为语言，逻辑能力进一步提升。

逻辑表达能力正是培养好口才不可缺少的一个条件，所以说，孩子学会了自我介绍，无疑是向好口才更迈进了一步。

在一问一答的过程中引导孩子介绍自己

在一问一答的过程中,孩子对自己有了更清晰的认知,知道了自我介绍都有哪些内容,应该先说什么、后说什么。

婷婷6岁了,非常乖巧可爱。这天家里来了一位阿姨,婷婷礼貌地和客人打招呼:"阿姨好!"

阿姨也高兴地和婷婷说话:"你叫什么名字?做个自我介绍好不好?"

"我……"婷婷有点语塞,"我不会自我介绍。"

妈妈在一旁说:"我还没教过婷婷自我介绍呢。"

这位阿姨说:"那好,今天阿姨就教你自我介绍。我问你答,好不好?"

"好!"婷婷爽快地答应了。

"你叫什么名字?"

"罗怡婷。"

"是哪3个字?"

"罗克大灰狼的罗,竖心旁的怡,女字旁的婷。"

"哦,几岁了?"

"6岁。"

"在哪里上学?"

"市属第二小学。"

"你有什么爱好呢?"

"我喜欢画画。"

"好,现在把你的回答连起来再说一遍,也可以说一些自己其他的事情。"

"好。我叫罗怡婷,罗克大灰狼的罗,竖心旁的怡,女字旁的婷。今年6岁了,在市属第二小学上一年级。我最喜欢画画了,我画的小狗,大家都说像极了。我还喜欢看《喜羊羊与灰太狼》的动画片。"婷婷顺溜地把刚才的回答完整地说了一遍。

妈妈和阿姨都鼓起了掌:"婷婷说得太好了,口才真棒!都会做自我介绍了!"

故事中的婷婷和很多年龄小的孩子一样,不知道自我介绍是什么,但婷婷很聪明,在阿姨的引导下,很快就学会了自我介绍。

父母引导孩子做自我介绍的方法很多,除了大人亲自做示范之外,用提问题的方式引导孩子学会介绍自己也不失为一种很好的方法。在一问一答的过程中,孩子对自己有了更清晰的认知,知道了自我介绍都有哪些内容,应该先说什么、后说什么。

在孩子学习自我介绍的过程中,父母要把自我介绍的意义穿插其中让孩子知道,增加孩子训练的兴趣。以下几点,是必须引起注意的。

1. 让孩子从最简单的自我介绍开始

刚开始训练时,父母提出的问题不要过于复杂,例如问孩子："你最大的理想是什么？"这样的问题会让孩子无所适从。毕竟，年龄小的孩子还不知道"理想"是什么意思，因而不愿意配合父母做这样的训练。只要他们能把基本的几个内容介绍出来，尽可能丰富生动，这样就可以了。

2. 不管孩子表现得怎么样，父母都要给予鼓励

在练习时，不是所有的孩子都像故事里的婷婷那样很积极地配合。有的孩子会紧闭嘴巴，根本不回答你的问题。也不是每个孩子都能在回答完问题后可以完整流畅地复述一遍，他们有可能根本就不记得刚才回答过什么了。

面对这种情况，父母千万不可急躁、生气、指责孩子"笨"，而是应该等孩子情绪好的时候再练习。如果孩子练习一遍记不住，父母不妨和孩子多说几遍，也可以由父母把答案串起来说一遍，然后再让孩子复述一遍。

在这个过程中，只要孩子有一点点好的表现，父母就要送上自己的鼓励："说得真棒！以后就可以向别人做自我介绍了，其他小朋友都会羡慕你的好口才的。"父母要有意识地培养孩子这样的意识：会自我介绍是好口才的表现，口才好会受到表扬和其他小朋友的羡慕，从而让孩子立下从小学好口才的志向。

把握要点，把自我介绍做得深入人心

一个成功的自我介绍一般应该先介绍自己的名字和年龄，

然后再介绍其他的内容。这样，孩子的自我介绍才能逻辑通顺，得到听众的认同。

杨玲上小学六年级了，新学期开始的时候，班里来了几个新同学，老师让大家做一次自我介绍，互相认识一下。

杨玲走上讲台，看了大家一眼，然后不慌不忙地开始介绍自己："我叫杨玲，今年12岁，是龙头小学六年级(1)班的学生，因为我个头比较矮小，所以人们总爱叫我'小不点'，有什么办法呢？谁让我长得这么'小巧玲珑'呢？"

说到这里，全班同学都笑了起来。这时候，杨玲继续说道："还好，我不是一个容易自卑的人，相反，我性格开朗、热情活泼，特别喜欢交朋友，所以，大家都非常喜欢我。我最喜欢的是看书，书中那些生动的故事情节让我着迷，我最喜欢的一本书是《丁丁历险记》。我多么希望自己长大以后能成为一个伟大的作家呀！爸爸妈妈说想成为作家必须从小好好学习，我一定努力学习，实现自己的理想！"

杨玲介绍完自己，教室里立刻响起了热烈的掌声，她活泼、幽默、自嘲式的自我介绍给同学们留下了深刻的印象，老师也向她竖起了大拇指。

杨玲的自我介绍内容丰富、语言幽默，突出了自己的特点，而且有条理、逻辑性强，她说话时也不慌不忙、落落大方，所以这是一次很成功的自我介绍。

年龄小一点儿的孩子还没有这么丰富的语言词汇，也许不能像杨玲这样做得这么完善和生动,但只要把该说的内容说了,也是一个完整的自我介绍。而随着年龄的增长、知识的增加,孩子自我介绍的能力自然会得到提高。

要想让孩子做好自我介绍,需要掌握一定的技巧和方法,父母如果能让孩子把握以下几个要点,一定能把"自我介绍"做得深入人心。

1. 内容完整、丰富一些

自我介绍不外乎这几个内容:姓名、年龄、学校或班级、家庭、父母、自己的爱好、特长、理想、志向等,做自我介绍时要尽量涉及以上内容,当然不是说每个都必须说,但应尽量多说一些,好让大家对自己有更全面的认识。

有些涉及隐私的内容,比如说家庭住址或父母的姓名等也可以不说,但不能只说"我叫某某某,今年多大了"就完了,这样的自我介绍可能会令大家听过以后连你的名字都不记得,对你也不会留下什么印象。

2. 自我介绍时说话要有逻辑

自我介绍时的内容要有先后,应合理、有序地展开,说话要符合逻辑,不能东拉西扯,毫无重点。有的孩子一上来就说:"我喜欢看动画片,我是一班的,嗯……没别的了。"然后就匆匆结束了,最后才想起连名字都忘了说。这样的自我介绍,显然是不受欢迎的。

所以,父母应该告诉孩子,一个成功的自我介绍一般应该先介绍自己的名字和年龄,然后再介绍其他的内容。这样,孩子的自我介绍才能逻辑通顺,得到听众的认同。

3. 自我介绍要突出自己的特点

每个人都有与众不同的地方,在自我介绍的时候要最大限度地表现出自己的特点,让别人觉得你是个个性鲜明的人,而不会使你被千篇一律的介绍给淹没,同时你的自我介绍又适应了对方的听觉需要,让听者在一种轻松愉快的环境下与你产生情感上的共鸣。

就像一个同学,他是这么介绍自己的:"我爱看书,无论何时何地,我都在看书,有时走在校园里我也看书,看着看着就碰到树了,我这个习惯不好,大家可千万不要学我。"

这样生动有趣地介绍自己的特点,一定会给大家留下深刻的印象。

4. 自我介绍要实事求是,不可自夸

自我介绍时要客观,宁可自谦也不可夸张,少用虚词、感叹词之类,不要一直强调"我"如何如何,这样会引起别人的反感。

如果有一个同学这么介绍自己:"我最大的爱好就是打球,我的篮球打得非常好。我还喜欢英语,我的英语学得非常好,次次考试都是前几名。我还……"那么,这个同学接下来要说的话,相信没有几个人爱听了。

如果自己真的有很明显的优点,最好引用别人的评价来描述自己,这样更有说服力。可以这样说:"我喜欢英语,也喜欢唱英文歌,每次去卡拉 OK 唱歌,别人都说我的发言很标准。"

同样是介绍自己的优点,说话方式的不同,给人的感觉就完全不一样。

5. 语言尽量生动、幽默

在介绍自己时，语言应尽可能生动、幽默、风趣，同时又不失谦逊，避免"流水账"、"白开水"一样的语言。

有一个同学用自己的属相自嘲式地介绍自己："我属牛，天生就有一种奉献精神，'俯首甘为孺子牛'说的就是我，今天当选为班里的卫生委员，我愿意竭诚为大家服务。"相信同学们听了这样的介绍一定会记住这位属牛的卫生委员。

下面给大家罗列几种属相的自嘲介绍。

鼠：我是精灵鼠小弟，活泼又机灵。

虎：虎虎生威，王者风范。

兔：小兔子乖乖，这就是我，可爱又乖巧。

龙：从来没有人见过我，可是大家都知道，我是神圣不可侵犯的。

蛇：农夫与蛇的故事曲解了我们，其实那只是我们蛇中的败类而已。

马：老马识途，有了我，还需要指南针吗？

6. 巧用自己的姓名介绍自己

每个人的名字都是与众不同的，有的甚至颇有来历或者有特别的寓意，这时巧妙地解释自己的名字，能让大家很快记住自己。

有个叫李翔的同学这样介绍自己："我叫李翔，就像我的名字一样，我从小就有一个远大的理想，那就是像杨利伟叔叔一样驾驶宇宙飞船翱翔在太空中。"这样的介绍，大家能不对这位有远大理想的李翔同学印象深刻吗？

7. 自我介绍时可以配合得体的表情和身体语言

在做自我介绍时,如果能随着内容的不同、语调的变化,再配以适当的表情和身体语言,那一定会更吸引人。比如说自己可爱时,可以做一个可爱的表情;说到激昂的时候,可以握一握拳头。

如果能做到这些,那么孩子整个自我介绍的过程就好比为他人演绎了一段自编自导的精美动画,让人听得清楚、听得有趣、记得深刻,自然就是一次成功、精彩的自我介绍。

介绍他人,充当好第三方的角色

介绍他人时,孩子充当的是第三方的角色,他面对的至少是两个人,甚至是更多的人。要想把这么多人介绍清楚,孩子没有过硬的口才是应付不了的。

小菲有个同学叫小泉,从小就喜欢读书,写作能力自然不错,口才也相当出众,班里的墙报上经常能看到她的"大作",演讲舞台上也时常能看到她的身影,因此,小菲总是戏称她为"小才女"。

可这个小才女却经常这样说:"我算什么'才女',咱们学校这么小,我不过是'井底之蛙'罢了,只有结交更多的朋友,和他们切磋、向他们学习,才能发现自己的不足,得到更大的提高。"

说者无心，听者有意，小菲听过这话后放在了心里。她有个表姐，已经上初中了，文章写得特别好，还尝试着创作诗歌和小说，她的一些文章已经在报纸、杂志上有了一席之地。她想，要是能把表姐介绍给小泉认识，她们彼此一定能成为好朋友。

小菲把这个想法先告诉了小泉，小泉特别高兴，连忙说："好，好，好，你马上介绍我们认识。"

于是，小菲马上给表姐打了电话，表姐也欣然同意。一个星期天，小泉和小菲的表姐在小菲家里见面了，两个"才女"一见如故、相见恨晚。从此，两个人切磋写作技艺，交流人生感悟，不仅成了无话不谈的好朋友，口才能力也都突飞猛进。

做介绍，不仅仅是介绍自己，还包括介绍他人。有的孩子可能会有这样的疑问："我介绍自己，是因为别人不了解自己，介绍他人又是为了什么呢？在什么样的情况下才需要介绍他人呢？"

要想弄清楚这个问题，孩子可以回忆一下这样的生活场景：你有一个同学娜娜，还有一个朋友瑞瑞。有一天，你、娜娜、瑞瑞3个人碰面了，但娜娜和瑞瑞彼此却不认识，为了消除他们之间的陌生感，方便大家的沟通和交流，就需要为娜娜和瑞瑞两个人做一下介绍。你对瑞瑞说："这是我同学娜娜。"然后又对娜娜说："这是我的朋友瑞瑞。你们两个认识一下，以后咱们三个就可以在一起玩了，你们两个也可以做好朋友。"

就像故事中的小菲那样，因为她的介绍，原本陌生的两个人成了好朋友。

孩子现在明白了：介绍他人就是为两个不认识的人搭个桥，让他们通过这个桥梁由陌生变为熟悉。有的孩子会说："介绍他人就是让两个不认识的人认识一下，这就是介绍他人的意义吗？"其实，介绍他人的意义远不止这么简单。

1. 通过介绍他人或他人介绍，孩子锻炼口才的机会也会更多

一个人的社交圈子总是有限的，尤其是现在的独生子女家庭，"小宅男"、"小宅女"多了起来。除了自己的家人和同学，孩子几乎没有其他的朋友，就算孩子想锻炼自己的口才也没有更多的途径，所以别小看介绍他人这个桥梁，因为孩子不只是介绍别人认识，同时也会因为他人的介绍结识更多的陌生人。孩子的世界会因此变得更宽广，朋友会越来越多。朋友多了，孩子沟通交流的对象也就多了，锻炼口才的机会也多了，成为一个口才达人的梦想也就不再是天方夜谭了。

2. 孩子的口才能力借助这个桥梁得到了质的飞跃

从打招呼、开场白到自我介绍，再到介绍他人，孩子学到的口才技能越来越多。对于前三项，孩子更多的是和对方进行一对一的交流，但介绍他人，孩子充当的是第三方的角色，他面对的至少是两个人，甚至是更多的人。要想把这么多人介绍清楚，孩子没有过硬的口才是应付不了的，因此能成功地介绍他人，则说明孩子的口才能力得到了质的飞跃。

3. 孩子的人生经验借此得到丰富，"谈资"越来越多

孩子的口才之所以不好，原因之一就是人生经验太浅，和别人谈话时没有什么内容可说。

例如，很多孩子自我介绍时关注得更多的是自己，他仍然

沉浸在"自我"的狭小世界里。但从介绍他人开始,孩子的目光便开始更多地转向他人,他们认识的朋友越来越多,眼界越来越开阔,所见、所闻越来越多,随之而来的是他们可聊的话题也越来越多。

一旦形成了这样的情形,孩子就不会再因为"无话可说"而躲在一旁不愿加入聊天的阵营,也不会再因为说话"言之无物"而被他人嘲笑说话没有内容、口才不好,因为他们的"谈资"得到了丰富,别人知道的,他们知道,别人不知道的,他们也知道。他们有了"说"的欲望,口才能力怎么可能得不到提高?

介绍他人要真诚自然

介绍他人是介绍两个人甚至是多个人,所以介绍他人比介绍自己要复杂很多,它在介绍的顺序、形式、身体语言上都有独特的要求。

佳佳和青青是好朋友,两个人从一年级就开始同班,关系好得不得了。这天,两个人想到郊外玩,但双方的父母都不放心她们两个自己去,于是决定周末的时候两家人组织一次郊游,由双方的爸爸妈妈带她们一块儿去。

到了周末,两家人在约好的地方见面了,佳佳的爷爷也来了。虽然佳佳和青青做了好几年的同学,各自也到对方的家里玩过,但双方的家人并不认识,于是,青青的爸爸对青青说:"青青,我们和佳佳的爷爷及父母都不认识,为我们做个介绍如何?"

"嗯……好。"青青做过自我介绍,但为他人做介绍,她还从来没遇到过,她想这应该和自我介绍差不多吧。

于是她说:"这是佳佳的爷爷、爸爸和妈妈。这是我的爸爸和妈妈,我爸爸在霓虹灯厂上班,我妈妈在工商银行上班。"青青的介绍做完了。

大人们听完她的介绍都笑了,青青的爸爸说:"青青的介绍有一部分是对的,但还很不完善,介绍的顺序也不太对。这不怪青青,都怪我平时没教过她。这样,我自我介绍一下……"

看完这个故事,我们已经发现了青青的介绍有什么不妥的地方。可有的孩子还在糊涂:"介绍得挺好,有什么不妥的地方呢?"有这样疑惑的孩子和青青一样,还不知道如何介绍他人,也不知道介绍他人应该用什么样的方法。

介绍他人和自我介绍有很多相似之处,比如内容大体相同,但因为自我介绍是介绍自己一个人,而介绍他人是介绍两个人甚至是多个人,所以介绍他人要复杂得多,它在介绍的顺序、形式、身体语言上都有独特的要求。

下面我们就帮孩子总结了一些介绍他人的方法,孩子学会了这些方法,就会明白介绍他人也不是一件很难的事情,对自己的口才也会越来越自信了。

1. 介绍他人之前最好先征得双方的同意

既然是介绍他人，那么对方愿不愿意被介绍、愿不愿意认识你要介绍给他的那个人，这一点孩子首先要弄清楚。例如你贸然地介绍自己的舅舅："这是我的舅舅，他在公安局上班。"这样的介绍会弄得你的舅舅很被动，因为不是每个人的信息都可以随便透露给别人的。

或者双方有矛盾，根本互不理睬，你却给双方介绍，结果双方都甩手而去，把你尴尬地留在那里。

所以，在介绍别人认识之前最好能提前提醒一下对方："我有个朋友，介绍你们认识如何？"有了这样的准备，就会避免不好的结果出现。

2. 介绍他人要内容完整、突出特点

自我介绍和为他人做介绍的内容大体上是相同的，都包括姓名、年龄、学校或者职业、家庭情况、特长等。在介绍他人时，尽量要涵盖这些内容，但重要的是突出对方的特点，例如："这是我同学金晓辉，和咱俩一样大，他家住在东山区，他爸爸可厉害了，是个大律师。他的篮球打得特别棒！"接着再向金晓辉介绍自己的另外一个朋友："这是许世杰，和我住一个院儿，他在东明小学上学。他从小就有艺术细胞，钢琴、画画都很好。"

只有突出双方的特点才能给彼此留下深刻的印象，才能让别人觉得你是个会介绍他人、口才好的人。

3. 介绍他人要按一定顺序

介绍他人要按一定顺序，这一点尤为重要，故事中的青青就犯了这样的错误，她应该先介绍自己的父母，然后再介绍佳佳的爸爸妈妈，最后是佳佳的爷爷。而青青却把这个顺序完全弄反了。

在介绍他人时，为表示对老人、客人和女士的尊重，一般按照这样的顺序来介绍：介绍晚辈和长辈时，一般要先介绍晚辈；有男士和女士在场的时候，要先介绍男士。所以，青青的介绍应该这么说："爷爷，这是我的爸爸妈妈。"然后再对自己父母说："这是佳佳的爸爸妈妈，这是佳佳的爷爷。"孩子的人际关系不是很复杂，只要记住先把晚辈介绍给长辈，一般就不会错了。

4. 介绍他人必须配合适当的手势

介绍自己时运用适当的表情和语言，介绍他人也不例外。介绍时，孩子应当用手掌指向被介绍的一方："这是我的同学李志强。"但不可用手指指别人，这是不礼貌的行为。

当然，孩子正处在天真烂漫的年纪，手势也不必太中规中矩，有时不妨拍拍被介绍一方的肩膀介绍："来，认识一下，这是我的同学李志强。"

总之，介绍他人既要有礼貌，又不能刻意，要真诚、自然，这些都是好口才的基础。

选择恰当的时机和场合介绍他人

说话之时礼貌当先，这是具备好口才的前提，所以，在介绍他人时一定不要忘了看看是否是恰当的时机和场合。

有一次，小峰的班里要开家长会。开会之前，小峰的妈妈对他说："我还不认识你们班主任，今天如果有合适的机会，你介绍我们认识认识。"

小峰马上答应了："好，妈妈，我一定介绍你们认识，我们班主任老师人可好了。"

家长会结束了，小峰马上带妈妈去找班主任老师，一看，老师被一大群家长围着，回答着家长们各式各样的问题，正忙得不可开交。

小峰站在人群外面冲老师喊："李老师，李老师，我妈妈想认识您。"

妈妈连忙制止了他："别喊，你没看到老师正忙着吗？我们等一会儿再去。"

小峰耐着性子等了一会儿，趁妈妈不注意，一下子挤进了围着老师的人群中间，对老师说："李老师，您过来一下好吗？我妈妈想和您说说话。"

老师好脾气地说："好，稍等一会儿，老师马上过去。"

小峰着急地说："别等一会儿了，就现在吧，我妈妈等着呢。"

旁边的一些家长一听不乐意了："这孩子怎么这么没礼貌？没看到我们正在和老师说话吗？"

小峰的妈妈连忙把小峰拽了过来，批评他说："介绍别人认识要看时机，现在老师正忙着，你去打扰，是不礼貌的。你一直想成为一个口才好的人，但介绍人不分时机和场合，这可不是一个口才好的人做出来的事情。"

说话、办事情要看时机和场合,但小峰却不明白这个道理,所以妈妈说他"还不能算是一个口才好的人"。

做自我介绍时只要掌控好自己就可以了,但介绍他人,孩子所要面对的局面要复杂得多:别人愿不愿意让你介绍、有没有时间让你介绍、场合适合不适合你介绍、心情好不好、是否愿意配合你介绍?在介绍他人认识之前,这些都要考虑到。

好口才的内涵不仅仅是能说会道,还包括会察言观色、审时度势。那些说话从不看时机和场合、从不考虑他人情况的孩子,实际上还没真正理解"好口才"的定义。说话之时礼貌当先,这是具备好口才的前提,所以,孩子在介绍他人时一定不要忘了看看是否是恰当的时机和场合。如果是以下的几个场合,千万不要随便介绍。

1. 有其他人在场的时候不要随便介绍

孩子在为他人做介绍时,要看看有没有其他人在场,如果有其他人在场,最好先询问一下被介绍人:"现在介绍一个朋友给你认识,你觉得合适吗?"如果对方同意再做介绍,如果对方不同意,则另找机会介绍。

当然,孩子也可以把被介绍人拉到人少的、安静的角落,说:"我给你介绍一个朋友。"不要不打招呼就擅自当着其他人的面为别人做介绍,这样会造成被介绍人和其他人的不便,会给人留下你不懂得在合适的场合说话、口才不好的坏印象。

2. 别人没空的时候不要介绍

孩子要注意,不要在别人忙碌的时候去介绍。就像故事中的小峰一样，老师正忙得不可开交，他去给妈妈和老师做介绍，显然时机不对。即便是没有别人在场，在老师一个人忙的时候，也不能贸然去打扰。

其次，在别人休息的时候不要介绍。拿老师举例，如果老师没有在忙，但在休息，这时也不能随便去打扰，以免影响老师休息。

3. 别人情绪不好的时候不要介绍

口才好的孩子都有"眼力见儿"，如果没有就要碰钉子了。例如有个同学正心情郁闷，你跑过去说："嗨，我介绍个人给你认识。"对方很可能会没好气地说："介绍谁啊？天王老子我都不想认识。"是不是弄得你很没面子？

也许有的人会给你面子，勉强答应你介绍，可介绍完之后态度冷淡，不理被介绍的另一方，这就会造成另一方的不悦和埋怨："人家都不愿意认识我，你瞎介绍什么？"你岂不是出力不讨好，好心办坏事？

所以，孩子介绍他人认识，要在双方情绪都良好的情况下才能有好的效果，否则，你的"好口才"就没用对时候。

魔法三
接打电话，锻炼与人沟通的能力

打电话既能锻炼孩子与人沟通的能力，又能提高孩子的口才素养。

让孩子学会正确打电话的方法，这不仅对孩子的口才是一种锻炼，更能让他体会到人间真情。

接打电话的基本礼仪与技巧

让孩子学会正确打电话的方法，这不仅对孩子的口才是一种锻炼，更能让他体会到人间真情。

一天，周女士和丈夫出门办事，留儿子皓皓一个人在家。突然电话铃响了，皓皓认为电话一定是找爸爸妈妈的，所以没有理会，而是继续玩着手里的玩具。

一会儿的工夫，电话又来了，皓皓没好气地接起电话："找谁啊？我妈妈不在家！"随即"啪"的一声把电话挂了。当电话再次打来的时候，皓皓没等对方开口就大声嚷道："我跟你说了，我妈妈不在家。"说完又立即挂了电话。

像皓皓这样的孩子，远远谈不上好口才。孩子不知道打电话时的说话方式，就需要父母来引导。倘若皓皓的妈妈没有注意到这一点，导致皓皓一直这样，那么相信每一个打电话的人都不愿意是皓皓接电话。

让孩子学会正确打电话的方法,这不仅对孩子的口才是一种锻炼,更加能让他体会到人间真情。亲朋好友们在接到孩子电话时,听到孩子得体的谈吐,自然会感到无比惊喜,惊喜之余,还会对孩子的行为大加赞赏,而孩子从中获得了成功的喜悦,也就渐渐变得大胆、开朗、自信,成为一个受欢迎的人。

张先生和妻儿在北京生活,年迈的父母留在了家乡。每隔两三天,张先生就给远方的父母打个问候的电话,每次他都会叫5岁的儿子和爷爷奶奶也说几句。

"喂,爷爷奶奶你们好,现在天气冷了,你们要注意身体啊。"5岁的儿子说。

每次爷爷奶奶听到自己的乖孙子这么有礼貌的时候都会笑得合不拢嘴:"好孙子,爷爷奶奶想你了,你过来看看爷爷奶奶吧。"

"我也想爷爷奶奶了,等我放寒假了,就过去看爷爷奶奶。爷爷奶奶,我要去做作业了,你们一定要注意身体,爷爷奶奶再见。"

小家伙每次打电话都会这样一本正经地问候,亲戚朋友都非常喜欢这个有礼貌的孩子。

打电话既能锻炼孩子与人沟通的能力,又能提高孩子的口才素质。对于这件事,父母千万不要忽视。

当然,与面对面的谈话一样,电话交流的训练同样需要一个良好的语言环境，要多说、多练。由于年龄尚小，孩子常常会"怯生"，遇到不熟悉的人，或者不吭一声，或者焦急、羞怯、说话结巴。这时，父母要有意识地让孩子打电话给亲朋好友，次数多了，孩子的口才自然会得到锻炼。

以下有11条基本礼仪要求，可供父母借鉴。

（1）切忌长时间不接电话，最好在电话铃响3声之内接起电话。

（2）孩子接到电话时，需要使用礼貌用语与对方交谈。学会说"你好"、"请问"、"请等一下"等。

接电话时不允许以"喂，喂"或者"你找谁呀"作为"见面礼"。特别是不允许一张嘴就毫不客气地查一查对方的"户口"，一个劲儿地问对方"你找谁"、"你是谁"或者"有什么事儿呀？"

（3）如果对方是孩子的长者，告诉孩子在通话结束后应当待对方挂断以后再挂机。

（4）如果是给不相识的人打电话，一般应先做自我介绍，说清打电话联系的意图。

（5）如果要找的人不在，也要有所表示，或者请对方帮助招呼一下，或者请对方转告，都应表示感谢。

（6）如果在接电话的过程中有紧急事情插入，要向对方说："对不起！稍等。"然后可以用手按住话筒，以免影响对方。如果电话不清楚，不要大声吼叫，要把说话的速度放慢，口齿再清晰些。

（7）如果拨错了号码，应当主动向对方道歉。如果是对方拨错了号码,也要有礼貌说明,不要只说一句"打错了"就挂断。

(8) 不要一边吃东西一边打电话,要以清晰愉快的语调与对方交谈。

(9) 接电话时要有问有答,回答问题时要大方,不可以长时间不回应对方的问题,也不要在不知如何回答时把电话一扔跑到别处去。

(10) 挂电话时,话筒应轻拿轻放。

(11) 最后要注意打电话的时间,以及通话所持续的时间。不要过早或过晚地打电话,以免影响他人休息。即使有急事打扰对方,也应说明理由,并说声"对不起,这么早(晚)了还打扰您。"

在打电话之前,父母要事先训练好孩子,如可以陪孩子玩亲子游戏,在游戏中教会孩子一些打电话的基本礼仪,如此,孩子的表达能力便会增强。

同时,父母在听电话时,也许孩子常常会因为好奇心抢着听电话,如果是一些无关紧要的电话,你不妨也让孩子试着去接电话,千万不要打击他的积极性,以免造成不良后果。

当孩子学会这些技巧和礼仪之后,打电话时就很容易给人留下好印象,赢得别人的好感和赞美,别人也愿意多和他说话。当越来越多的人愿意和孩子交流时,他的口才能力岂能不水涨船高?

拿起话筒先"自报家门"

"自报家门"代表着有意让对方了解自己,代表着自己积极主动的说话态度、对对方的尊重和诚意。而真诚的语言才能打动人,这早已是人们达成的关于好口才的共识。

星期天,小玲的妈妈原本和同事约好一起去办事情,谁知到了下午,妈妈感到不太舒服,于是叫小玲替自己给同事打个电话,取消约会。

小玲按照手机里的号码拨过去。电话通了,小玲说:"阿姨,您好,我妈妈病了,今天下午她不能出去了。"

对方说:"哦,好……"小玲听到阿姨说"好",就把电话挂了。

过了一会儿,妈妈的电话响了,小玲拿起电话,听到对方问她:"请问您是哪位?"

小玲疑惑地说:"来电显示不是可以看到我是谁吗?"

对方说:"不好意思,我刚换了新手机,手机里的号码有点乱,有些还没储存名字,所以一时不知道您是谁。"

妈妈示意小玲把电话递给她,向电话那头解释道:"你好,我是杨红。刚才是我女儿给你打的电话。对不起,我现在有点不舒服,今天不能陪你一起去了。"

妈妈和阿姨又说了几句，之后挂断了电话，然后把小玲叫到跟前问道："刚才跟阿姨打电话，是不是没告诉阿姨你是谁呀？"

小玲说："嗯，我打电话从来都没有说自己是谁的习惯，现在不都是有来电显示吗？一看就知道是谁了。"

妈妈说："你说的是没错，但并不是任何时候对方都保存有你的电话和姓名，你不自报家门，对方怎么知道你是谁？即便对方知道你是谁，你自报家门也不显得多余，因为这是尊重对方、有礼貌的表现，'礼多人不怪'，你不是参加过口才训练班吗？任何时候都要有礼貌地表达，这是好口才的基础。"

打电话不介绍自己是谁，这不是只有小玲才会犯的错。很多孩子，包括一些大人都没有自报家门的习惯，因为，"来电显示"代替了"自报家门"。科技的发展给人类带来了方便快捷，但也带走了我们说话的一些好习惯，最终让口才为此"埋了单"。

父母也许会觉得，这话太危言耸听了，打电话"自报家门"有这么大的作用吗？要回答这个问题，我们首先要了解"自报家门"代表什么。"自报家门"代表着有意让对方了解自己，代表着自己积极主动的说话态度、对对方的尊重和诚意。而真诚的语言才能打动人，这早已是人们达成的关于好口才的共识。

听到这里，孩子会说："不就是告诉对方'我是谁'吗？这也没什么难的，不就多说一句话的事吗？"孩子这么想，就又过于简单地理解了"自报家门"的含义。因为某些时候，"自报家门"犹如电话里的"自我介绍"，不是一句话就可以敷衍了事的：当你第一次和对方通话的时候，你是不是需要在电话里向对方做一下"自我介绍"呢？当他人通过话筒把你介绍给电话另一头的某个人时，你是不是需要详细地"自报家门"呢？

所以，电话里的"自报家门"不仅必需，而且重要。更重要的是，自我介绍时，站在对方面前的是一个立体的人，除了语言，你还可以通过自己的形象和行为举止给对方留下好印象，而电话里的"自报家门"只能发挥你口才的强大作用，用自己的语言魅力吸引对方。孩子若能做到这一点，就会让对方在电话的那一头不由自主地对你的口才竖起大拇指。

当然，我们这么说并不是把电话里的"自报家门"等同于"自我介绍"，事实上很多时候，电话里的"自报家门"也可以是很简单的，这就要视具体情况具体分析。

1. 当对方是熟人时，"自报家门"只需简单的一句话就可以

当孩子通电话的对象是很熟悉的人时，"自报家门"只需要简简单单的一句话就可以了："强子，我是潇潇。"或："奶奶，我是潇潇。"这时候如果说得太多会招人反感："别啰唆了，知道你是谁，快说正题。"所以，说话应该做到该繁就繁，该简就简，这是口才好的人必须知道的一点。

2. 当对方既不熟悉又不完全陌生时，需要用"自报家门"来提醒

孩子有时候打电话时会碰到这样的情景："您好，我是李志强。"

"李志强？不好意思，不太记得了。"

这个时候，就需要孩子继续"自报家门"："就是三中的那

个李志强,上次我们在体育馆打球认识的,你把号码给我了。"对方一定会恍然大悟:"哦,我想起来了。"用更详细的"自报家门"表达自己的诚意,这样的口才效果就不用再多说了。

3. 当与对方第一次通话,"自报家门"就要变成"自我介绍"

当孩子通电话的对象是从未有过任何接触的人,而且想和对方有更多的交流和沟通时,就需要非常详细地进行"自报家门":"李老师,您好,我是陈晨。我报名参加了您的作文辅导班。但听说报名的人很多,而您只收10名学生,所以,我想详细向您介绍一下我的情况。我在东风小学上学,10岁了,酷爱写作……"这里的"自报家门"就必须是一次精彩的自我介绍。

也有他人通过电话把孩子介绍给另外一个人,这时也需要在电话里自我介绍。总之这些时候,孩子只有在电话里发挥自己口才的最大优势,才能赢得和别人深入交往的机会。

礼貌地询问对方的身份

口才好,不仅在于拥有多少说话的技巧和方法,还在于有良好的表达态度。失去这个基础,好口才的"千里之堤"必定溃于不礼貌的表达这个"蝼蚁之穴"。

小杰正在做作业,这时妈妈的手机响了,他看到妈妈正在做饭,就拿起了妈妈的手机,一看是陌生号码,于是他按了接听键:"喂,你是谁?"

"请问,这是张丽女士的电话吗?"

张丽是妈妈的名字,小杰没有回答对方的问题,问道:"你是谁?"

"哦,你是张姐的儿子吧?我是你妈妈的同事。"对方和气地说。

"我妈妈的同事?你叫什么名字?"

"我叫李霞。"

"李霞?我妈妈的同事我大部分都认识,我怎么没听说过你?"

"呵呵,你妈妈有那么多同事,你怎么可能都听说过呢?"

"既然是我妈妈的同事,我妈妈为什么没保存你的名字?"

"这个……我也不知道。可以让我和你妈妈说话吗?"

小杰没有理睬她的话,不耐烦地继续问道:"快告诉我你是什么人?现在骗子可多了,没准儿你就是骗子……"

这时,对方不再说话了,默默地把电话挂了。

我们猜测一下此时小杰的心情:他一定很得意,觉得自己识破了一个骗子。殊不知,是他自始至终不礼貌地询问对方的身份,使对方忍无可忍,最终挂断了电话。

平时的生活中,孩子也经常可以听到他人在打电话时大声地问对方:"你是谁?"如果是这么询问你,你是怎样的心情?脾气好点儿的也许还会回答他,脾气不好的会马上把电话挂了。

询问对方的身份当然是需要的,但是用这样生硬、冷淡的

魔法三
接打电话,锻炼与人沟通的能力

口气询问，却让人无法接受。就像故事中的小杰，会让妈妈的同事对他产生这样的印象："这孩子太不会说话了，肯定没学过口才学。"

口才好，不仅在于拥有多少说话的技巧和方法，还在于有良好的表达态度。失去这个基础，好口才的"千里之堤"必定溃于不礼貌的表达这个"蝼蚁之穴"。

所以，孩子在打电话时必须文明礼貌地询问对方的身份，以下几种礼貌的方式，父母可以让孩子尝试一下。

1. 用温柔、婉转的语言来询问

语言是用来表达感情、传递情绪的，温柔、婉转的语言一定能激起对方美好的心理感受。孩子不妨这样来询问对方的身份："您好！请问您是哪位?"这比简单、生硬又直接的"你是谁?"可要令人舒服多了。孩子有了文明礼貌的表达方式，对方一定会有诚意地"自报家门。"

2. 不要步步追问对方"是谁"

当对方说了自己是谁的时候，孩子可能一时想不起，这个时候不要继续追问："谁？李志强？不知道，不认识。你到底是谁？"这会让对方觉得像是被盘问的犯人，也会觉得自己太不受重视了，在你的印象里没留下一丝痕迹。孩子的烂口才会导致对方不愿意继续交流。

3. 先和对方攀谈，慢慢回忆对方是谁

在对方"自报家门"后，孩子若还是想不起对方是谁，不免会有点儿尴尬，对方也会有点儿没面子。这时与其一直询问对方的身份显得不礼貌，还不如先和对方攀谈，引导对方说一些你们之间共同的事件,再慢慢回忆对方是谁。

例如先假装记得对方:"李志强啊,我知道,咱们不就是在公园里认识的嘛。"也许你随便一说就蒙对了。就算蒙错了,对方也不会太在乎,因为你至少还"记得"他的名字,他也会态度不错地提醒你:"咱们哪里是在公园里认识的,咱们是在黄河路的球馆里认识的,你忘了?"经过对方的提醒,你想起来了,这时一定要在话语中表现出热情:"对,对,打球的时候认识的。咱们什么时候再去打球?"这时候,你热情的态度会让对方立即忘记了被你遗忘的不快,而你们的话题也被你的新问题所转移。

看,这才是真正的好口才:礼貌、真诚、热情的态度加上灵活运用说话的技巧。一个这样的孩子,谁会不喜欢?

说话要有次序、简洁明了

如果你口才很好,声音好听,讲话很有艺术,别人可能还有耐心和兴趣听你多说几句。但如果你说话没有逻辑、啰里啰唆,口才很差,那就没有几个人能忍受得了了。

这天是星期天,爸爸妈妈带奇奇出去玩了一天,过得非常快乐、精彩,回到家里天已经黑了,奇奇很兴奋,他急于把这快乐的一天和他最好的朋友小哲分享。于是,他拨通了小哲家里的电话:"小哲,我今天玩得可开心了。爸爸妈妈给我买了阿迪达斯的鞋子,刚才我们还去看了电影《功夫熊猫》哦,你不是想看这部电影吗?小哲,我告诉你,今天的比萨真好吃,动物园的大猩猩也很好玩……"

小哲打断了他的话:"哎,你能不能一件件说?你弄得我有点儿晕。你今天先去买了鞋子,然后看了电影,最后去看的大猩猩?"

"不是,今天一大早我们就先去了动物园。动物园的空气可不好闻了,不过动物们还是很可爱的,尤其是大猩猩,全身都是黑乎乎的,把一个小女孩都吓哭了。猴子也好玩,它们太聪明了,总是跟我们要东西吃。还有孔雀,我们等了好长时间,它就是不开屏。小哲,阿迪达斯的鞋子真舒服,你不是一直想买一双吗?我买的是蓝色的……"

小哲絮絮叨叨地说着,至少说了半个小时,恨不得把今天的一切都告诉小哲,讲了半天,发现电话那头好像没什么反应,连忙叫道:"小哲,小哲,你在听吗?"电话那头还是没反应。

让我们猜一猜,小哲在听奇奇讲电话吗?估计他早就把电话扔在了一边,人跑开了。小哲为什么没有耐心听奇奇讲这么多有趣的事情呢?原因之一就是小哲已经讲了,他听得有点晕。因为奇奇讲得有点乱,没有次序,没有重点,这件事没说完,又说另一件事。

还有没有其他原因呢?有人会说:"一个电话讲了半个多小时,估计小哲早就听累了。为什么不简单说说,等见面了再详细说呢?"

的确，说话若没有次序，没有条理和逻辑，的确会让人听起来有点累。而且电话毕竟不是面对面的交谈，也不适合长篇大论。时间过长，一是不经济；二是不健康，因为电话对人体是有辐射的；三是电话只是声音的表达，不如当面交谈那种形象的表达更有吸引力。

如果你口才很好，声音好听，讲话很有艺术，别人可能还有耐心和兴趣听你多说几句。但如果你说话没有逻辑、啰里啰唆，口才很差，那就没有几个人能忍受得了了。

所以，讲电话要避免没有逻辑、啰里啰唆这些毛病，而是要有次序、简洁明了。要想做到有次序、简洁明了，孩子可以从这几方面试一试。

1. 按照事情发展的顺序讲

在讲述多件事情的时候，尽量按照事情发展的顺序说。例如故事里的奇奇可以按照时间的顺序说一说今天先去了动物园，然后去了商场，最后去看了电影。要一件一件地说，不要动物园的事儿没说完，又说买鞋子的事儿，然后又说到动物园的事儿了。

如果真的是有好几件重要的事要告诉对方，不妨先打个"腹稿"，或者先在纸上简单地写下来，这样打电话的时候不仅可以有顺序地讲，也可以避免自己将重要的事情遗漏。

2. 挑重点讲

讲电话时，除非双方都有很充裕的时间，否则不要说一些无关紧要的事情。本来打电话是要说某件事的，结果闲扯占用了一大半的时间，不如直接说重点："明天在百货大楼门前等我，其他事情见面谈。"一句话就解决问题了。如果你东拉西扯说得太多，最后对方反而把你约好的地点给忘了。

3. 每件事说个大概

如果事情真的很多，你又都想跟对方讲，那就每件事说个大概，不要过细。例如故事里的奇奇可以这么说："今天我们先去了动物园，动物园的动物可好玩了。接着去了商场，买到了我们俩都很喜欢的鞋子。然后去吃比萨，吃完比萨我们去看了电影《功夫熊猫》，真好看。等明天见了面，让你看看我的新鞋子，我再给你讲讲这部好看的电影。"

这样说话，不仅有逻辑，而且还简洁明了，每件事都涉及了。看来，想要打好电话也是很不容易的，由此可见学好口才的重要性。

记清楚对方电话里的内容

如果对方说什么，你都没听明白、没记住，挂了电话就把对方交代的事情抛到脑后，会耽误双方的事情，少不了受到他人的埋怨和指责。

笑笑在家里做作业，这时，家里的电话响了，笑笑拿起电话："喂，您好！"

"请问，赵军同志在家吗？"

赵军是爸爸的名字，爸爸和妈妈出去买东西了，于是笑笑说："我爸爸不在家。"

"哦，你是赵军同志的儿子吧。这样，你告诉你爸爸，下个星期天到总公司开会。"

"哦，好，知道了。叔叔还有别的事吗？"

"没有了。"

"好，叔叔再见！"笑笑挂断了电话。

笑笑一天忙着做作业、玩耍，到了晚上才想起跟爸爸说："爸爸，你们公司的一个同事让你星期天到公司开会。"

"星期天？明天就是星期天，是明天吗？"

"好像是吧。"

"他说是到分公司开会还是到总公司开会？"

"这……"笑笑想了半天，"他只说到公司开会，好像没说是分公司还是总公司。"

"是爸爸哪个同事打来的电话，你有没有问对方的名字？"

"是一个叔叔，但我没问他的名字。"

"你这孩子，"爸爸埋怨道，"接个电话，什么都没弄清楚。"

没办法，爸爸只好按照同事们的电话一个个打过去，终于弄清楚了是下个星期天到总公司开会。打完电话，爸爸对笑笑说："下次接电话，一定把对方说的内容弄清楚，不然会耽误事情的。"

笑笑答应道："是，爸爸，我知道了。"

孩子如果忘记了对方电话里说的内容，会有什么后果？如果电话的内容纯粹是闲聊，忘记了也就罢了。但如果这通电话传递了重要的信息，孩子却像笑笑这样，什么内容都没记清楚，肯定要耽误事情。

记清楚对方电话里的内容、弄清楚对方打这个电话是说什么事，这是接电话的起码要求。但是，有些孩子连这样简单的要求都做不到，究其原因就是不重视这个电话，接电话的时候不够专心，一边接电话一边干其他的事情，敷衍了事，希望对方赶快说完、赶快挂断。

当然，导致这种错误也有打电话那一方的原因：对方本身就没表述清楚。但是，对方口才不好，孩子不能为此付出代价。接电话不是听听就完事了，而是要像谈话一样，和对方认真地沟通和交流。

记清楚对方电话里的内容，这也是对对方的尊重。如果对方说什么，你都没听明白、没记住，挂了电话就把对方交代的事情抛到脑后，会耽误双方的事情，少不了受到他人的埋怨和指责。因此，孩子在接听电话时要从以下几个方面记清楚对方电话里的内容。

1. 用心听才能记清楚

孩子要记清楚对方电话里的内容，首先要听清楚。接电话的时候要认真听，把电视的声音关小一点儿，正在写作业时不妨停下来，如果太吵就到一个安静的地方听。接电话时不要摸摸这、摸摸那，不要还想着其他事情、心不在焉，只有这样才能听清楚对方电话里说的内容，也才有可能记清楚对方电话里说的内容。

2. 对方没讲清楚的，自己要问清楚

孩子接电话时不光要听，还要说、还要问，因为对方的表达能力可能没有那么好，口才也可能很差，该说的可能忘说了，说出来的可能没说清楚，这就要求孩子来弥补对方讲电话的不足。

例如故事里的笑笑，爸爸的同事打电话时并没有详细地"自报家门"，这就要求笑笑主动问："您是我爸爸的哪位同事？请告诉我您的名字，爸爸回来以后我让他给您回个电话。"

如果笑笑当时能这样做，爸爸就不用给每一个同事都打电话了。所以，问清楚对方没说清楚的，这也是接电话时必须做到的。

3. 拿出纸和笔来记清楚

是不是自己认真听、该问的都问了，就能把对方电话的内容都记清楚呢？那也未必。人的大脑毕竟不是机器，忘记是很正常的。那怎么办呢？俗话说"好记性不如烂笔头"，用笔记下来不就不怕忘了吗？

所以，孩子在接电话前就要准备好纸和笔，或者在接电话的过程中告诉对方："请等一下，我拿一下纸和笔。"如果这样做，对方电话里的内容一定会被牢牢记住了。

4. 尽快传达电话的内容

故事里的笑笑之所以记不清楚电话的内容，原因之一就是那通电话过去太长时间了。所以，如果这个电话是让自己传递信息的，那就要在结束电话以后尽快向他人传递电话的内容。如果他人不在旁边或需要很长时间才能见到面，那就给他打一个电话，在电话里把信息告诉他。只有这样，才能避免遗忘电话的内容。

打电话时要照顾对方的感受

打电话时不能忽略对方的感受，要观察一下电话那头的人是不是对你说的话感兴趣，他是不是听了半天都没出声了，弄清楚他为什么没有反应。

暑假的时候，爸爸妈妈带薇薇到香港迪斯尼乐园和海洋公园玩，这两个地方可是小朋友梦寐以求要去的地方。从香港回来以后，薇薇给表妹打电话，她高兴地说："小琼，我从香港回来了。"

表妹也很高兴："姐姐，你什么时候回来的？玩得开心吗？"

"可开心了！你不知道，迪斯尼乐园和海洋公园多好玩！多漂亮！"薇薇用略显夸张、极其兴奋的语调说，"我在那里见到了咱们在动画片里看到的好多卡通人物：米老鼠、小熊维尼、灰姑娘、睡美人公主，哇，太令人兴奋了，我还跟他们合了影呢。海洋馆里有露天游乐场、海豚表演，还有千奇百怪的各种鱼类，哇，太令人赞叹了！这两个地方谁要没去过，就太遗憾了……"

薇薇掩饰不住自己的兴奋，但是她说了半天，都没听到表妹有什么反应。她突然想道：好多地方表妹都没去过，别说香港了，就是本市的公园都很少去。因为姨妈下岗了，家里的经济不是很好，自己这样在表妹面前炫耀，表妹心里肯定是既羡慕又嫉妒，可能还会有点难过，不然她不会一句话不说的。

想到这，薇薇终止了自己的"炫耀"，用平和的口气对表妹说："我给你带了米老鼠的玩具，还有一条漂亮的裙子，明天拿给你，好吗？"

"好！"表妹的声音又变得欢快了。

薇薇是个好孩子，因为她打电话时能细心地体察别人的心情、照顾对方的感受。一个口才好的孩子一定也具有很多好的品质，而在薇薇身上无疑具备了这种素质。

打电话要懂得照顾对方的感受。很多孩子会说："我又看不到他，怎么知道他有什么感受？"这就需要孩子更细心、更敏感、更体贴。也许孩子会觉得，只要我的口才好、能说就行了，有没有这些无所谓，这些和口才没什么关系。其实不然！我们说话是为了让他人喜欢听，实现和他人的交流，和他人分享自己的所知、所想、所感。而不是为了满足自己"表演"的欲望。打电话更是如此，如果对方不喜欢听你讲话，在电话那头沉默不语，你一个人"自言自语"有什么意思呢？

所以，打电话时不能忽略对方的感受，要观察一下电话那头的人是不是对你说的话感兴趣，他是不是听了半天都没出声，弄清楚他为什么没有反应。不要想当然地认为对方没挂电话，也没打断自己的话，就是对方喜欢听或者正在听，其实他在电话那头早就露出了不耐烦的表情,只不过你看不到而已。所以,在培养孩子打电话的技能时,父母一定要提醒孩子:不要忽略对方的感受。

1. 自己说的同时让对方参与

父母可以告诉孩子,在打电话的时候,可以一边说一边问对方:"我今天去公园玩了。你今天有什么好玩的事吗?"或者:"我去公园看长臂猿了,你喜欢长臂猿吗?"不要只顾自己说:"我今天去公园玩了,看了……玩了……"因为谁也不愿意一直做听众。所以,让对方参与到你的话题中来,这通电话才能真正打得开心。

2. 说对方感兴趣的话题

打电话的过程中,如果发现对方不吭声,反应不热情了,自己就要停下来,问对方:"你喜欢聊这些吗?要不,咱们换个话题?"对方会觉得你真体贴、真有"眼力见儿",因而愿意和你继续聊下去。

3. 自己说话的时间不宜过长

打电话时,自己说话的时间不宜过长,因为自己喋喋不休地说,很容易陷入"自我陶醉"里面,而忘了电话那头还有一个人。所以,为了避免这通电话成为你表演口才的"独角戏",你必须长话短说,说一会儿就要停一停、问一问对方,或者尽快结束电话,改为他日面谈。

挂电话前重复来电重要内容

通话结束前重复一下来电要点,不仅是为了让自己记得更清楚、更牢靠,更是为了"查漏补缺"、弥补对方口才的不足。

小凤生病了,刚好也要放暑假了,学校没有课,只是打扫一下卫生,开个班会,于是小凤就请了一天假,在家里休息。

小凤正躺在床上,家里的电话响了,他拿起电话,是同学晨晨打来的:"小凤,你病好些了吗?"

小凤说:"好多了,学校放假了吧?"

"放了。老师今天在班会上说了几件事情,让我传达给你。明天我要跟爸爸妈妈一起去旅游,所以今天就告诉你。"

"好,你说。"

"第一,暑假作业一定要做完;第二,读3本课外书籍,并写读后感;第三,复习上学期学过的内容,并预习下学期的内容;第四,老师让我们多接触自然和社会,开学后写一篇自己观察社会的作文;第五,老师让我们在家里帮助爸爸妈妈做一些力所能及的事情;第六……"

老师布置的作业还挺多,小凤非常认真地听着,生怕没记住。终于,晨晨说完了,小凤说:"谢谢你,晨晨,我把你说的再重复一遍吧,要是有漏掉的,你提醒我。"

晨晨说:"好,你说吧。"

于是,小风把晨晨的话重复了一遍,果然漏掉了一条。经过晨晨的提醒,小风把这一条记在了本子上。

"谢谢你,晨晨!你帮了我好大的忙。那祝你旅游玩得开心,回来后我找你玩。"

"好,谢谢!再见!"晨晨说。

打电话时把自己说的话表述清楚,这是我们都已知道的。那么,在听电话的时候,把对方说的话理清楚,是不是也很重要呢?答案是肯定的。好的口才不仅仅包括说得好,还包括听得好。就像小风一样,在电话结束前把对方所说的话重复一遍,这个做法是非常可取的。

从故事中可以看出,不仅小风会听电话,他的同学晨晨也很会打电话,把电话的内容表述得很清楚、很有条理。

然而,不可能每个孩子都能像小风这么幸运,碰到一个这么会打电话的对象。在生活中,孩子听筒的那一端很可能是个说话没有重点、没有次序和条理,表述不清楚,甚至会把重要事情遗忘的人。那么,是不是就要让孩子为对方的差口才"埋单"呢?

当然不能!办法就是:在电话结束前重复一下对方的来电要点。在重复的过程中,把对方说的内容用自己的思路、自己的语言再理一遍,一边重复一边可以问对方:"是不是这个意思呢?"也许对方会回答:"对,对!就是这个意思,我刚才没说清楚。"为防止对方是"马大哈"的人,最好追问一句:"就这些吗？有没有遗漏什么呢？"

所以，通话结束前重复一下来电要点，不仅仅是让自己记得更清楚、更牢靠，更是为了"查漏补缺"、弥补对方口才的不足。由此也可以得出这个结论：在学口才的过程中，学会听的重要性丝毫不亚于学会说的重要性。

既然如此，我们就和孩子一起来看一看，在结束电话之前，怎么样做才能把对方的来电听得更清楚、明白。

1. 把对方说过的重点原封不动地重复一遍

如果和孩子通电话的对象是一个像晨晨那样口才不错的人，那么孩子只要把对方说过的重点原封不动地重复一遍即可。如果自己说错了或说得不完整，对方肯定会纠正你或提醒你，这样就可以避免自己记错或者遗漏对方说的话。

2. 用自己加工过的话把对方的意思说一遍

当对方是个表述得很不清楚的人时，就需要你用自己的理解把他的话再说一遍，然后问对方："对吗？"当重复完之后，不妨多说一句："还有其他的吗？"这样，电话的要点就会被你记清楚了。

把"啪"的声音留给自己

不要先挂电话，让对方先挂电话，把"啪"的声音留给自己，把好的感受留给对方。这样的孩子，不仅口才好，还体贴细腻，肯定会受到更多朋友的喜欢。

文文和爸爸打电话："喂，爸爸，妈妈说让你回来时带几个馒头。"

"好。文文……"爸爸刚说了3个字，就听到文文在电话那头说："爸爸，再见！"

"啪"的一声，文文把电话挂了，电话那头的爸爸不禁摇了摇头。

爸爸回到家里，听到文文和同学打电话："涛涛，你把今天的作业给我念一下。第3页第6题，第5页第2题。好，我知道了。谢谢！再见！"

在一旁的爸爸看文文放下了电话，就对他说："文文，你打电话怎么总是那么着急呢？"

"什么？爸爸，着急？"

这时，家里的电话又响了，是同学找文文的："文文，星期天同学们去踢足球，你去吗？"

文文说："我不去了，我不喜欢踢足球，你们去吧。就这样啊，再见！"说完把电话挂了。

电话刚挂断，又响了，还是刚才那个同学："文文，我刚才的话还没说完，你怎么就把电话挂了？我是想说，我也不喜欢踢足球，咱俩星期天去打羽毛球吧。"

"打羽毛球？好，我喜欢，可以。那我们星期天就去打羽毛球，那就这样吧，再见！"

急着挂电话，这是很多孩子身上存在的习惯。他们只要自己说完了话，只要自己的事情解决了，不管对方还有没有话说，就"啪"的一声把电话挂了。殊不知，这"啪"的一声挂出了对方心里的"五味杂陈"：他怎么这么自私？只顾自己说完了，也不管别人还有没有话说，太不懂礼貌了！难道是对我有意见？

着急挂电话的孩子，一定想不到自己的这个举动给对方带来了这么多不好的感受。孩子会说："其实，我对别人没什么意见，这就是我的一个不好的习惯而已。"

确实，着急挂电话是一个不好的习惯。久而久之，其他人就会感到和孩子通话感觉不好，不再喜欢给孩子打电话。或者产生一种这样的心理压力：电话通了我要赶快把我要说的话说完，慢的话，人家就要把电话挂了。

只是因为着急挂电话，竟然有这么严重的后果。可见，不会说话、不好好学"口才学"，后果竟然是这么可怕！

既然这样，我们就应该帮助孩子摆脱这样的坏习惯。

1. 说再见之前，礼貌地询问对方"您还有其他事情吗？"

孩子在说完自己的事情之后要礼貌地询问对方："我说完了，您还有话要说吗？"如果对方说没有了，再说："再见，下次聊。"或者在对方说完一件事的时候询问对方："还有其他事儿吗？"等对方把他要说的事情说完，再礼貌地挂电话、说再见。

2. 说再见之前，先和对方攀谈一会儿

说"再见"不可过快，不要正事儿刚一说完，就马上说再见。说完要谈的事情之后，可以和对方攀谈一会儿。这时的攀谈不是要你和对方长篇大论，也不是闲聊天，而是稍微说点别的话题，往结束语过渡。

例如故事里的文文，问完同学作业以后可以这么说："你作业做完了吗？今天的作业难吗？"或者"你今天都干什么了？"稍微聊两句，然后再说一两句结束语："那好，那我做作业了，再见！"或者"那我吃饭了，你也赶快吃饭吧，有时间咱们再聊，再见！"

这样的再见，让对方觉得你是他的朋友，你给他打电话不仅是为了解决你的问题，而且是为了和他说说话、聊聊天，关心他的生活。这样舒心的电话，他肯定愿意多接；这样贴心的朋友，他肯定愿意交往。

3.把"啪"的声音留给自己

孩子在和别人通电话结束时，当对方"啪"的一声挂断电话时，自己心里是不是会这样想："挂电话的声音好大，听起来真不舒服，不知道的人还以为你生我气呢。"的确，挂电话的声音过大，犹如你和别人吵架时的"甩门而去"一样，会令对方极不舒服。

就算对方挂电话的声音不大，你是否也希望他不要先挂电话？因为这代表对方不舍得结束和你的通话，代表着对方在乎你。

因此，我们不要先挂电话，让对方先挂电话，把"啪"的声音留给自己，把好的感受留给对方。这样做的孩子，不仅口才好，还体贴细腻，肯定会受到更多朋友的喜欢。

**魔法四
倾听，听比说更重要**

倾听既是一个听的过程，也是一个学的过程。倾听是不需要花费任何物质成本而有丰厚回报的一件事，善于倾听的人都是生活的有心人。

然而，有太多会说的人不会听，他们既不知道"说"和"听"有什么关系，也不知道"倾听"在口才中的重要性，更不知道"倾听"有哪些技巧。所以，让我们去学学如何倾听吧！

会"听"才会"说"

说话的目的不是为了显摆自己的口才，而是为了交换意见、找到共识、求同存异，是为了寻找谈话中双方思想火花撞击的乐趣。

周晓学习非常积极，每次上课举手发言都非常主动，特别是上公开课的时候，有时候会突然"冷场"，这时候只有周晓举手，为班级和老师挽回了不少面子。

可周晓有一个习惯很不好，就是特别爱说话，话匣子一打开就关不上，海阔天空说个没完，有时把提问的老师也搞得很无奈。不让他说吧，又怕挫伤了他的积极性；让他说吧，也不能一个问题啰啰唆唆地说个没完。同学们也是这个感觉，只要周晓发言，大家心里就默念："赶快结束吧，赶快结束吧。"

不仅回答问题时是这样，周晓与人聊天时也是高谈阔论，老远就能听到他的声音，而且只有他说，听不见别人吭声，如果别人实在忍不住了说两句,他马上就把别人的话打断了,从来不管别人想聊什么、想听什么,他好像从来就没好好听过别人说话。

要命的是,周晓完全没有察觉到这样有什么不妥,还自我感觉良好,觉得自己真的是太能说了。

但渐渐地,同学们不再喜欢和他说话了,只要周晓靠近哪个同学,哪个同学就躲得远远的,他的朋友越来越少。

在现实生活中,有许多孩子都不善于倾听,他们总是急于表达自己,却不管自己说的话别人爱不爱听。如果你问他们"为什么不善于听别人说话呢?"他们会这样回答你:"口才,就是要会说。会听,就不叫口才了。"

其实,这些孩子是不知道倾听的好处,不知道为什么要学会倾听。首先,沟通和交流是互相的、有来有往的,只顾自己说,不让别人说,别人为什么要听你说呢?你又不是在演讲和朗诵。其次,如果不听别人说,你怎么知道别人有没有理解你的话,能不能接受你的观点呢?又怎能明白别人在想什么呢?那种思想的共振和共鸣又从何而来呢?

孩子必须明白,说话的目的不是为了显摆自己的口才,而是为了交换意见、找到共识、求同存异,是为了寻找谈话中双方思想火花撞击的乐趣。一个只会说却不会听的人无疑剥夺了别人的这份乐趣,这样霸道而自我的人是不会受到别人欢迎的。

说和听是每个人的权利,不管你如何会说,都不能剥夺别人说的权利,这是对别人的尊重。如果被尊重的愿望得不到满足，对方就会对说话的人产生反感和抵触心理，就没耐心再听你说下去了。

因此，在社会交往活动中，我们应该满足对方的这种心理需要，这是对别人的尊重和欣赏，所以，学会倾听是比会说更重要的一件事，可以这么说，会听才会说。所以，父母就必须帮助孩子了解倾听的必要性。

1. 善于倾听是收集信息、成就财富的一个好方法

倾听既是一个听的过程，也是一个学的过程。在听的过程中可以学到许多新的知识和见解，了解不同的人生态度，接触不同性格的人，获得珍贵的信息资料。把这些信息资料加工整理、消化吸收，就能为己所有，转变成财富。

倾听是不需要花费任何物质成本而有丰厚回报的一件事，善于倾听的人都是生活的有心人，既然如此，当然要学会倾听。

2. 倾听使你的沟通价值倍增

倾听是一个吸收的过程。善于倾听的人，必定要有容纳和包容的心胸。清空自己，降低自己的姿态，才能更好地吸收别人的经验，沟通的价值也会倍增。

中国有一句老话："听君一席话，胜读十年书。"倾听还可以为自己解疑释惑，让自己走出"迷雾"。所以，善于倾听的人比善于说的人得到的要多。

3. 善听能赢得朋友

有一句话是这么说的："善言，能赢得听众；善听，能赢得朋友。"为什么善听能赢得朋友？因为倾听是一种鼓励，表示你对他人的观点感兴趣，欣赏他人说话的方式，甚至是欣赏他

整个人，代表你对对方的尊重和认可。

当别人有烦恼向你倾诉的时候，你认真地倾听代表着愿意为对方分担痛苦。这样的倾听者，对方怎能不把你当作朋友呢？

做个高层次、高水平的倾听者

倾听看似是一个简单的行为，其实是一个复杂的过程。为什么不同的人听同样的内容会有不一样的反应和不同的收获？原因就在于他们处于不同的倾听层次。

默默来到校园，看到几个高年级的同学在聊天，他们正在聊最近看的影视剧，聊得很投机。默默站在一旁听起来，他们说的有些话题，默默也知道。

他们讨论一个电视剧的剧情太庸俗无聊，恰好默默也看了这个电视剧，于是他发言了："这个电视剧我也看了，里面的男主角很帅，我最喜欢他的发型。"

那几个高年级的同学没有人接他的话，都不吭声了。

过了一会儿，他们又聊起一本小说，说这个小说的结构如何如何。默默没看过小说，不知道小说的结构是什么，他只看漫画书，于是他说："结构如何都无所谓，书只要好看、好玩就行了，我也爱看书，我最爱看《樱桃小丸子》，里面的小丸子说话太可爱了。"

那几个高年级的同学听了他的话，都露出了无奈的表情，其中一个说："这位同学，你根本不知道我们在聊什么，你如果喜欢听，你就安静地听好不好，不要随便发表意见了。"

为什么高年级的同学不愿意和默默聊天？因为他们话不投机。为什么不投机？因为他们的谈话水平不在一个层次上，默默的倾听层次太低。这个时候，无论默默说什么，都不能展现出他口才过人的一面。

孩子的口才水平处于哪种境界似乎很容易看出来，但他们的倾听水平在哪种层次却不容易分辨。孩子对此会有些疑惑：难道倾听水平还有层次？

是的，倾听看似是一个简单的行为，其实是一个复杂的过程。为什么不同的人听同样的内容会有不一样的反应和不同的收获？原因就在于他们处于不同的倾听层次。

什么是倾听的层次？倾听到底分哪几种层次？孩子处于哪个层次？弄清楚这些层次，对孩子的倾听、孩子的口才有什么帮助？让我们一一来解答这些问题。

首先我们需要知道倾听分几个层次。按照倾听效果的不同，倾听可以分为三个层次。

第一层次：这一层次的孩子会很安静地坐在那里，假装在听，但心里却在想着自己的事情。所以，虽然听了，但没有反应，没有几句话真的听进去了。或内心想着反驳，半听半不听，时时刻刻在寻找自己发言插嘴的机会，并不关心对方说了什么。

这一层次的孩子，他们更感兴趣的不是听，而是说。

魔法四
倾听，听比说更重要

第二层次：处于这一层次的孩子，倾听的态度倒是认真。他们确实在听，有时也会通过点头来表示正在倾听，好像是理解了，实际上并非如此。他们听得很不深刻，他们倾听的只是对方表达的字词的表面意思，但不能真正理解对方所说的话的含义，也无法深入挖掘其内涵，甚至会错误地理解对方的意思。

这一层次的孩子只能和对方进行很肤浅的沟通。

第三层次：这一层次的孩子带着理解和尊重去倾听，尝试站在对方的角度去理解对方所表达的内容。虽然他们对对方的观点有不同的看法，但他们不会随便批评对方。他们很容易理解对方的观点，也能够给出及时的反馈意见，同时也会表达出自己的不同意见。

这一层次的倾听者本身的表达能力和口才都不错，自身的文化素养也比较高。他们是专心而高效的倾听者，会和对方进行更深刻的交流，表现出的是一个优秀倾听者的特征。

这三个不同层次的孩子，其沟通能力、交流效果是不同的。

看到这里，孩子可以看看自己处于哪一种层次。大部分的孩子应该都处于第一和第二层次，也就是说，大部分的孩子都不是一个高效倾听者。正是因为如此，孩子才需要学习倾听。

孩子必须要有成为一个高效倾听者的理想，因为，你是哪一层次的倾听者，就会有哪一层次的说话者找你沟通，因为谈话的对象也需要匹配。

当对方所说的话，你听起来是一头雾水的话，对方也不会想和你交流。反之，当对方知道你是和他同一层次的人时，他会很愿意和你分享他的所思、所想。同时，如果你能经常和更高层次的倾听者、谈话者交流,你的收获也是非常大的,你的倾听水平和口才水平也会进步得更快。

因此,孩子要学会倾听,做一个更高层次的倾听者,做一个更高水平的谈话者,努力成为一个好口才的人。

听懂才知道如何表达

有时候,我们并不缺乏交流的诚意,但却达不到交流的效果。其原因并不完全是因为我们掌握的谈话技巧不够,而是因为我们不懂得倾听。所以,也就不懂得如何表达。

倩倩来找瑶瑶聊天,倩倩知道瑶瑶喜欢看书,于是问她:"瑶瑶,你最近又看了什么书?"

瑶瑶说:"我最近在看王国维的《人间词话》。王国维说:古今之成大事业、大学问者,必经过三种之境界:'昨夜西风凋碧树。独上高楼,望尽天涯路。'此第一境也。'衣带渐宽终不悔,为伊消得人憔悴。'此第二境也。'众里寻他千百度,蓦然回首,那人却在灯火阑珊处。'此第三境也。我觉得我们的学习也要经历这三重境界:树立学习目标,苦苦求索不放弃,最后苦尽甘来取得成绩。倩倩,你怎么看呢?"

"哎呀,你先听听我看的书。我最近看了一本漫画书《火影忍者》,瑶瑶,你有时间看看,可好看了……"

瑶瑶点了点头:"好,有空咱们再聊!"说完起身走了。

为什么瑶瑶不想再和倩倩聊下去了呢?是因为她觉得倩倩并没有用心去听她的话,对她的话也不是很感兴趣,所以觉得再谈下去没有什么意思。所以,即使倩倩说得再好,瑶瑶也没有听的欲望,这样一来,倩倩的口才就"无用武之地"了。

很多孩子都有过这样的体验:当你向对方抛出一个问题或传递某种信息时,你希望对方就这个话题能给你一点儿反馈或能够把这个话题谈得更透彻,但对方似乎达不到你的这种期望。他们要么是就这个问题肤浅地聊一聊,继而转移到其他的问题;要么是根本就不理睬你的问题,直接去说其他的话题;或者像一个木头人一样,根本就没有什么反应。

这让孩子非常扫兴和沮丧,他们不禁怀疑:是对方对这个话题所知甚少?还是对这个话题不感兴趣?或是口才不好表达不出来?抑或是根本就没兴趣和自己交谈?如果是后者,那孩子不仅要怀疑对方的知识水平能力和口才能力,更要怀疑对方和自己谈话的诚意。

然而,孩子却不知道,真正的、主要的原因都不是以上这些,而是对方压根儿就没听懂你在说什么,根本就不知道你所期望得到什么样的反馈。更糟糕的是,他们还自以为他们听懂了,所以他们滔滔不绝地表达着他们对"这个问题的看法",却不知道他们早已离题千里;他们自以为自己很能说、口才很好,却不知道你早已忍无可忍,想起身离去。

他们并不缺乏交流的诚意,但却达不到交流的效果。其原因并不完全是因为掌握的谈话技巧不够,而是因为不懂得倾听。所以,也就不懂得如何表达。

这些不懂得倾听的人让谈话的另一方很为他们发愁,很想敲敲他们的脑袋问问他们:"你听懂我说的话了吗?没听懂干脆就不要说。"所以,我们有必要帮助这些人学会倾听,摆脱既不会听又不会说的尴尬。

1. 耐心地听,才能听得懂

为什么一些孩子听不懂别人的话?很明显的一个原因是没耐心。别人说的时候,他们东瞧瞧、西看看,摸摸这儿,摸摸那儿,别人说别人的话,他们干他们的事儿。都没有认真听,怎么可能听懂别人的话?等别人说完了,他们才回过神儿来:哦,他说完了,该我说了。表面上是两个人在谈话,实际上是各说各话、毫无交集,根本起不到沟通、交流的作用。

还有一些孩子更没耐心,他们连等你说完的耐心都没有,就直接打断你的话:"哎,我那天……"把你说变成他说。不让别人说完,怎么可能听懂别人说话?

2. 用心地听,才能听得懂

有些孩子在听别人说话时倒是挺有耐心的,老老实实地坐着,也没乱动,认认真真听着,也没打断,可惜他们只是表面上认真在听,其实是"人在心不在"。别人说别人的,他们想他们自己的,他们走神儿了。等别人说完了,他们也回过神儿来了:"嗯?你刚刚说什么?"这样的孩子,也不可能听懂别人说话。

3. 提高自己的理解能力和悟性，才可能听得懂

以上的两个原因还只是表面的原因。有一部分孩子没耐心听、不用心听并不是因为不想听，而是因为他们不理解对方的意思，所以才走神儿的。所以，要想从根本上改变不会倾听这个缺点，必须提高自己的理解能力、悟性，拓宽知识面：别人说什么，你都能消化理解；别人说什么，你都能接上话；别人说什么，你都能把话题延伸、深入。

要想有这样的境界，不是一天两天的锻炼就可以达到的，必须多读书、多思考、多经历、多观察社会，提高自己的知识和见识，这需要孩子在生活中一点一滴地积累。这和想拥有一副好口才一样，是个任重而道远的过程，必须从多方面去努力。

倾听时给对方一些反馈

孩子在倾听他人说话的过程中，要时不时给对方一些反馈，即使是一个小小的反应，讲话者的内心也会很高兴，也会有愿望继续讲下去。

小宇和小鹏在聊天，小宇兴致勃勃地说："昨天，我在电脑上看了一部好电影《小鬼当家》，你看过这部电影吗？"

小鹏木木地说："没有。"

"没看过？那我跟你讲讲？故事讲的是一个存有美国国防机

密的电脑晶片不见了,一个盗匪四人帮将晶片藏在一个玩具车中。装有这个玩具车的袋子阴错阳差地被一个老太太拿错了,盗匪找到老太太的家里,想拿回玩具车,却遭到一位足智多谋且胆识过人的小鬼的阻挠……"

小宇讲得眉飞色舞,也讲得非常详细,他希望能把这么一部精彩的电影和小鹏一起分享,却发现讲了半天,小鹏没什么反应,只是目光呆呆地看着他。于是,他停了下来,问小鹏:"你有听我在讲吗?"

"啊,有。"小鹏还是木木的。

"有?我看你快睡着了吧。"说完起身走了。

孩子在听别人说话的时候,如果像小鹏一样一直没有反应,就会使说话者失去继续讲下去的兴趣。因为交谈是双方的交流,倾听的一方看似是被动的,其实内心是主动的,主动地听,主动地反应。若没有反应,说话者也会感到没有意思。同样,倾听者总是一副木讷的样子,也就无法和他人进行讨论。这样,口才锻炼的大门不就被关上了吗?

所以,孩子在倾听他人说话的过程中,要时不时给对方一些反馈,即使是一个小小的反应,讲话者的内心也会很高兴,也会有愿望继续讲下去。而一旦找到了共同语言,双方就会进行热烈的讨论,这对于口才的提升是非常有帮助的。

下面我们就来谈谈孩子在倾听他人谈话时应该有什么样的反馈。

1. 表示赞同和肯定

当孩子在倾听的时候,对讲话者的观点有同感时,要发出赞美和肯定:"你说得对!"或者"我也是这么想的!""如果当时我处在那种情况,也会和你做的一样。"

当讲话者在你那里得到赞同和肯定时,就会感觉和你有共同语言,就更有兴趣和你聊下去,这也是获得对方好感的一大绝招。

2. 时不时地提问

孩子在倾听他人说话时,要时不时地提问,这表示对对方的话题很感兴趣,可以促使对方讲得更深、更细。特别是孩子在和陌生人交谈的时候,可以适当地多问一些,鼓励对方说下去,避免冷场。

但是要避免这样的提问:"你是从外地转学来的吧?""你爸爸妈妈是做什么的?""你现在住在哪里呢?"这种打破砂锅问到底的方式会让对方感到压抑,而且这种问题的答案用几个字就能回答,也不能使话题深入,所以这样的提问没有意义。

提问应该是开放式的,可以引导对方畅所欲言,比如:"后来呢?""这之前都发生了什么?"这样,对方就会介绍一些提问者不太了解的事情,使谈话延伸下去。

3. 调动所有的感官来倾听

孩子在倾听他人说话的过程中,除了嘴巴要有反应之外,身体也要有反应:可以全神贯注地看着对方,在听到对方讲到紧张的事情的时候,可以微微皱眉、身体前倾;在听到对方讲到开心的事情的时候,可以露出微笑的表情;赞同对方的时候可以点头；等等。也可以把身体反应和语言结合起来："是吗？""太气人了！"总之，调动一切感官来表示你在认真倾听。

4. 边听边思考

在听的过程中不能只是被动地接受，也要主动地消化，回味对方的说话内容，分析对方的观点，把对方的思想观点同自己的相比较，理清楚逻辑顺序等，以便在对方讲完的时候表达出自己的意见。

以上是倾听时必须要有的反应，但在倾听的过程中，以下这些反应是不可取的。这些反应不仅不能表现出自己的口才，反而还会引起对方的厌烦。

1. 挑对方的毛病

在对方说话的过程中，不要随便打断别人，否定别人的观点，挑对方的毛病："不对，不对，你这样说是不对的！"更不要与对方争论："不行，你怎么可以这样做呢？我不同意这样做。"这样只会使谈话中断、陷入僵局。而是应该站在对方的立场去倾听，努力理解对方说的每一句话，即便是认为对方说得不对、做得不对，也要等对方说完，再发表意见。

2. 虚假、夸张的反应

有的孩子在听别人说话时不是没反应，而是反应过了头，不够自然和真实。比如：别人说一件有趣的事，只需要微笑的表情反应即可，可你捂着嘴大笑，无法控制，让对方不知所措，以为自己哪里说错了，这么可笑。

或者，对方说了一些众人皆知的常识性的东西，你却拼命地点头："嗯，你说得太对了！你简直是未卜先知啊！"这样夸张的反应会让对方觉得你是个虚伪做作的人，而不愿意和你过多地交往。

所以，要避免这些虚假、夸张的反应，给出最自然、最真实的反应即可，这样你感到舒服，对方也感到舒服。

3. 随便插嘴

随便插嘴是孩子在倾听时最容易犯的一个错误，因为孩子的表现欲总是很强，谁也不甘做寂寞的倾听者，总是忍不住打断别人的谈话："你说的这个事我知道……"或者："小华啊，小华我认识……"甚至打断了别人的话，自己说起来。

碰到这样的情况，父母就要教导孩子："别随便插话，太没礼貌了，让别人说完你再说。"只要父母善于引导，那么孩子就不会出现这个问题。

学会倾听"话外话"

孩子若听不懂别人"话里的话"、"话外的话"，就无法正确理解对方所说的含义，从而无法做出正确的反应，口才就没有锻炼的机会。

这天，盈盈来到萱萱家里玩。萱萱拿出家里的玩具给盈盈玩，自己手里则抱着一个大娃娃，这是妈妈给她买的新娃娃，又大又漂亮，萱萱爱不释手。

盈盈看着萱萱手里的娃娃说:"萱萱,这是你妈妈给你买的新娃娃吗?"

萱萱答道:"嗯。"

过了一会儿,盈盈又说:"萱萱,你可真幸福,你妈妈买这么漂亮的玩具给你。"

萱萱说:"嗯,我妈妈对我可好了。"

盈盈说:"萱萱,如果我是你妈妈的女儿就好了。"

萱萱:"啊?你不喜欢做你妈妈的女儿吗?"

这时,在一旁的妈妈听到了萱萱和盈盈的对话,就走过来对萱萱说:"萱萱,把你的新娃娃给盈盈玩一会儿。"

"这……"萱萱犹豫了一下,但她还是听了妈妈的话。

盈盈拿着娃娃,高兴地说:"谢谢盈盈,谢谢阿姨!"

盈盈为什么说想做萱萱妈的女儿?因为萱萱妈的女儿有新娃娃玩,所以,盈盈的意思并不是说想做萱萱妈的女儿,而是想玩萱萱手里的新娃娃,可惜萱萱没听出来盈盈话里的意思。

有的人一定会说:想玩人家的娃娃直接说就行了,干吗要兜圈子?这是因为用暗示的语言隐晦地表达自己的意思也是一种说话的技巧,这样可以避免直接说出来会被对方拒绝的尴尬。但是,并不是每一个人都能听懂这样的话,例如故事里的萱萱。

看来,能完全听懂对方的话也不是一件简单的事情,不仅要听懂表面的意思,更要听懂别人没说出来的意思——言外之意。人们在说话时为了照顾对方的面子或为了避免自己的尴尬,会先试探一下,拐着弯说。孩子有时会听到大人说"这个人

'话里有话'",意思就是说这个人真正的意思没说出来。听不出这一点,就无法进行有效的沟通,那么口才又如何进行锻炼?

孩子有时候也会这样说别人:"把话说完啊,别说一半留一半,让人去猜,累不累啊。"可见,很多人说话都喜欢留有言外之意或未尽之意,这也是说话的一种策略。而孩子随着年龄的增长,说话也会越来越有艺术,不再那么直接或直白,而是会采取"迂回战术"了。

所以,孩子若听不懂别人"话里的话"、"话外的话",就无法正确理解对方所说的含义,从而无法做出正确的反应,口才就没有锻炼的机会。能听懂别人没有说出来的意思,对对方的言外之意产生正确的反应,这才是真正会倾听的人。

如果说"说者无心,听者有意",是说倾听者太多心,那"说者有心,听者无意"就说明倾听者不够聪明。而"说得巧妙,听得聪明"才是孩子应该追求的好口才的境界。

既然如此,孩子就要学会倾听,理解别人的言外之意,当然,这并不是无章可循的。

1. 要听出对方真正的意图

孩子在听别人说话时,如果对方反复强调同一件事,那对方的话很可能不是表面的意思那么简单,背后有另外的意图。

例如,孩子的同学到家里来玩,拿着孩子的小汽车反反复复说:"你这个汽车很好玩啊。"过了一会儿又说:"比我的好玩多了。"孩子若没听出来,就会随口答道:"嗯,是很好玩。"其实,同学真正的意思是想拿走玩,但怕被孩子拒绝,不好意思直接说。孩子若能听出同学的言外之意,不妨大大方方地说:

"嗯,你喜欢啊,那就拿走玩几天吧。"

孩子若有这样的反应,一定会让同学觉得:真聪明!知道我真正的意思是什么,还这么大方。以后自然愿意多和孩子交往了。这样,孩子锻炼口才的机会也就多了。

2. 孩子要学会揣摩对方的语言

在批评孩子的时候,大人为了顾全孩子的面子和感受,往往不会把话说得那么直白,这时候孩子就要会听,懂得揣摩对方的话,正确理解对方的意思。

例如,音乐课上,老师正在教大家学唱陕西民歌《信天游》,一个同学却睡着了,老师叫醒他说:"你怎么把《信天游》听成了《摇篮曲》?"其实,老师真正的意思是说:"你怎么睡着了?"

如果孩子不懂得揣摩老师的语言,就听不出老师话里的真正意思,也就不会反省自己的行为。反之,如果是个会倾听的孩子,就知道老师给自己留了面子,不但会改正自己的错误,还会对老师心存感激,这样,他与老师交谈的时候就很愉快了。

调动一切身体语言来听

在倾听他人说话时要调动一切身体语言,培养良好的倾听习惯,克服不好的倾听习惯,使自己成为会听的人。

慧慧去表哥家里玩，听说表哥刚从动物园回来，就让表哥给她讲讲动物园都有什么好玩的动物。

表哥正愁没人分享他游动物园的乐趣，一看表妹有兴趣，马上讲起来了："我们先看到了猴子，它们上蹿下跳，调皮得很。有的在吃青果，有的在吃香蕉，有的在捉身上的虱子，还有的在树上荡秋千。呵呵，可好玩了。"

表哥讲得绘声绘色的，慧慧听得聚精会神："表哥，你讲得太好了，继续讲，继续讲。"

表哥看表妹这么有兴趣听，讲得更起劲儿了："看完猴子，我们又看到一个黑乎乎的、手长脚短的家伙，慧慧，你猜，这是什么动物？"

慧慧拍着手说道："我知道，我知道，这是大猩猩。"

表哥一边讲，慧慧一边拍手、大叫，有时还跳起来，她觉得表哥讲得太精彩了。

慧慧在听表哥讲话的时候并不只是规规矩矩地坐着，而是调动了所有的身体语言来倾听。因为倾听并不是只用耳朵，否则会导致"左耳朵进，右耳朵出"。真正的倾听必须是全身心地倾听，这样的倾听才更有效果，也是对说话者的尊重。

有调查结果表明，在与人沟通、交流时，语言成分只占了沟通的很小部分，而肢体语言却占了很大部分。当你调动了眼睛、嘴巴、手、拳头、身体、表情等一切可以调动的感官来倾听的时候，那你不仅仅是在听，而是在和说话者互动，那么，你们之间便是在进行一场有质量的交流。

一位心理学家曾指出:"无声的语言所表达的内容比有声语言多得多,而且深刻。"身体是无声的语言,即使你不开口说话,它也能传递信息,使人对你产生印象。你的身体语言会告诉对方你是否对他有兴趣、是否在意他对你的看法,而这种态度会直接影响谈话的效果。

所以,孩子在倾听他人说话时要调动一切身体语言,培养良好的倾听习惯,克服不好的倾听习惯,使自己成为会倾听的人。

下面我们就说一说应该调动哪些身体语言来倾听。

1. 眼神

在面部表情中,最生动、最复杂、最微妙也最富有表现力的莫过于眼神了,作为"心灵的窗户",我们的所思、所想皆通过眼睛表现。你是否在用心倾听,说话者通过你的眼神就可以观察出来。

在孩子倾听对方说话时,要用眼睛看着对方,这表示他正用心在听,但不可一直目不转睛地盯着对方,这不但会使对方不舒服,也会使自己很累,而是应该偶尔转移一下目光,放松一下彼此的神经。

随着对方谈话的内容,你的眼神也会有所变化,或热情真诚,或伤心难过。好奇的眼神说明你对别人的问题感兴趣,迷茫的眼神表明你并没有明白对方的意思。当你觉得对方说得很没意思时,也可以通过故意"走神"提醒对方"你说的好无聊啊,我已经没耐心听了"。对方从你的眼神中,就能把握你的感受,以便调整自己的谈话内容。

2. 手

在倾听他人说话时，孩子也要学会用手来表达自己的感受：当对方谈到他取得的成绩时，可以向对方竖起大拇指；当别人说到难过的事的时候，可以握住对方的手，表示安慰，也可以用手替对方擦掉眼泪，如果对方是男孩，也可以用手拍拍对方的肩膀，以示安慰。

3. 拳头

在倾听时，拳头也有它的作用。例如，在对方谈到义愤填膺的话题时，你可以握紧拳头挥一挥，让对方觉得你和他站在同一立场。

4. 身体

孩子在听别人说话时，注意不要为了贪图舒服而瘫坐在凳子上，也不要半躺着；坐着时，不要总是跷二郎腿、脚不停地抖动，或者身体扭来扭去；更不要心神不定地玩弄东西、看来看去，或者啃指甲、撩头发等。这些动作都是对对方的不尊重，等于告诉对方：我不喜欢听你说话。如果是在自己家里或熟悉的朋友面前，可以坐得随意点，但也要有度。

正确的反应应该是：身体坐直并前倾，这等于告诉对方：我正认真听着呢。如果坐得久了感到不舒服了，也可以适当调整一下坐姿，但不可有大的动作。

5. 表情

对方谈话的内容总是会令你的心情有所起伏，喜怒哀乐，什么都有，听到开心时，你会随着对方一起大笑；烦恼时，你也会皱起眉头；伤心时，你会掉眼泪；当对方说到紧要的关头，你也会感到紧张。总之,你的五官和表情随着讲话者的节奏而变化,这会让对方觉得你和他感同身受,并和他同步。

这样的表情是讲话者喜欢的。如果你像一个木头人一样,没有任何反应,对方就觉得没有必要再说下去了。

6. 嘴巴

虽然是在听,但嘴巴并不是没有任何反应,要在合适的时机鼓励对方继续讲下去,使话题延伸,比如:"后来怎么样了?继续说。""嗯,是很可惜……""你说得对,我能理解。"

在倾听者这样的配合之下,谈话一定会很顺利。

7. 心灵和头脑

所有的身体语言都是外在的反应,倾听时,心若没有认真在听,身体不会有任何反应。倾听虽然用的是耳朵,经过的却是大脑。在倾听时,孩子要一边听,一边思考,迅速整理听到的内容,思考怎样给讲话者提一些意见。

插嘴并不能代表有好口才

爱插嘴不仅没礼貌,而且会让别人觉得你不会说话。真正好口才的人知道什么时候该听、什么时候该说,而不是不分时候乱插嘴。

龙龙从小就爱看书,因此,他的知识面要比同龄人广一些,甚至一些大人聊的话题他也略知一二,所以,龙龙总觉得自己口才很好,凡事都能发表一通意见。在听别人说话时,他也很少有耐心听别人说完,总是不合时宜地乱插嘴。

这一天,爸爸的同事邓叔叔来了,一起聊起了股票的事情,他们聊得正投入,在旁边玩的龙龙突然跑了过来,说:"股票啊,我知道,现在是熊市,现在进入不好!"

听了龙龙的话,两个大人不禁笑了起来,邓叔叔接着又和爸爸说起其他事情来,可没说两句,龙龙又插嘴了,爸爸不满地说:"你好好听,等别人说完你再插话。"

可龙龙觉得自己口才这么好,光听可不行,所以不管邓叔叔和爸爸说什么,他总能插进话,弄得爸爸和邓叔叔该谈的事情都没谈好,邓叔叔有些不满地走了。

不光是在家里,在教室里,龙龙也爱显摆他的口才、乱插嘴。上课时,老师正在讲课,说:"下面我们讲到的这一节是这一章的重点……"

这时,龙龙接嘴道:"也是难点。"弄得老师很无语。

过了一会儿,老师点名让一个同学回答问题,那个同学说道:"这道题是混合运算,先用乘法……"

龙龙接着说:"再用加法。"

那位同学很不满地看了龙龙一眼说:"你知道,你来回答啊。"说着生气地坐下了。

从这个故事可以看出,龙龙以为"能插上嘴"就是会说话、口才好,他不懂得倾听也是谈话中必不可少的一个环节。现实中确实有一些这样的孩子，喜欢通过插话显摆自己，觉得口才好就是要多说，根本不懂得倾听的好处。

孩子为什么总是不好好听人说话，而喜欢插嘴呢？原因是众多的，最主要的原因就是孩子希望通过插话引起他人的关注，无论是欣赏还是反感，这种关注都满足了孩子的内心，所以插嘴的毛病就愈演愈烈。

特别是在家里，当父母专注于讨论某件事情时，孩子更喜欢打断父母的讲话，你越是不理他，让他别吵，他就越来劲儿。还有些孩子本身就有点儿"人来疯"，看见家里来了客人，更是异常兴奋，总想说点什么、做点什么引起大人的注意，所以故意在大人身边跑来跑去，时不时插上几句话。

有时候大人的谈话持续的时间比较长，长时间不理孩子，孩子在一旁就会有被忽略的感觉，这时，插嘴是他们表示不满的手段，孩子的意思是："说完了没有？都没人理我，当我是空气啊。"

也有的孩子听到别人说的话题，感觉自己听说过或似懂非懂，就会产生"共鸣"，想讲一讲自己的"看法"，或者对讲话中的部分内容感到好奇，迫不及待地想解决心中的"疑问"，于是就会不合时宜地打断别人的谈话。

所以，孩子不会倾听，喜欢插嘴的原因很多，父母不可武断地斥责孩子："不准插嘴！"也不能放任不管，而是应该具体问题具体分析，弄清楚孩子插嘴的原因，对症下药。下面提供给父母和孩子几条改正"乱插嘴"坏习惯的建议。

1. 让孩子知道爱"插嘴"的孩子会被人贴上"不会说话"的标签

爱插嘴的孩子大多是喜欢说话的,并想有个好口才,但却因插话遭到了他人的反感。这时父母就要告诫他们:爱插嘴不仅没礼貌,而且会让别人觉得你不会说话。真正好口才的人知道什么时候该听、什么时候该说,而不是不分时候乱插嘴。当孩子知道插嘴会被别人贴上"不会说话"的标签后,自然就会管住自己的嘴了。

2. 给孩子适当的机会说话

孩子的耐性是有限的,在听大人说话时,如果长时间地只让他们听,不让他们发表意见,大部分的孩子都会用插嘴来表示不满,对于这样的情况,父母就要反省自己的行为:不能光我们说,不让孩子说话,他肯定觉得受冷落了。大人可以在说话的间隙问一问孩子:"你知道我们说的这个事吗?"给孩子适当的说话机会,孩子自然就没必要乱插大人的话了。

对于"人来疯"的孩子,父母的做法则完全相反:不要理他们,把他们晾在一边。当他们知道自己乱插嘴已经引起了别人强烈的不满,继续插嘴也没人理他们,自己的目的也达不到,他们自然就觉得没意思了。

3. 在合适的时机"插嘴"才是有好口才

在教育孩子的时候,凡事都没有绝对,插嘴也是如此,并不是说插嘴是有百害而无一利的事情,也不是说何时何地都不能插嘴。

孩子有时候插嘴,是刚好有话要说,比如听到别人的话感动了或者有共鸣了，就想发表想法，这是他们情感的自然流露，应该允许他们及时表达，就算是插嘴也无妨，但要告诉他们：插嘴可以，但要在合适的时机。在别人说话停顿的时候再发表自己的意见，或者在打断别人讲话之前先说一声："对不起！我打断一下……"当有客人在场时，如果孩子有话跟父母说，可以贴在大人的耳边悄悄地说，这样，孩子就会给客人留下这样的印象：既有礼貌，口才又好！

魔法五
交谈，把话说到位才是好口才

开始交谈了，孩子所有的口才技巧都要上场了。这时候，他能区分贫嘴和好口才的区别吗？他能灵活运用各种技巧吗？面对不同的场合，他能把握好尺度吗？他的口才是指向别人咽喉的一把剑，还是包容对方的一池水？倘若这些问题解决不好，那么孩子一辈子都会与好口才无缘。

话要说到点子上

会说话的人应该让听者明白他想传递什么信息,而且在说话中间还要观察倾听者是不是有兴趣听,而不仅仅是为了满足自己说话的欲望而说话。

李晨性格外向、对人热情,见谁都喜欢聊上一阵。有一天,李晨和同学说起了自己遇到过的一件惊险的事情:有一次他在游泳的时候腿抽筋了,眼看着自己就要沉下去了,他感到非常害怕,赶快向伙伴们呼救,最后在伙伴的帮助下得救了。

就是这么一件简单的事情,李晨是这么讲的:"那天啊,天气非常热,我和几个伙伴去游泳,我游泳技术是相当好啊,会蝶泳、仰泳、蛙泳……好多种姿势我都会。嘿,你们还别不信,改天咱们一起去游泳,你们看看我有没有吹牛。我正游着呢,突然觉得小腿不太对劲儿,哎哟,我这腿是抽筋儿了。我心想就凭咱这游泳技术,应该没啥大问题,不用一会儿就能缓过来……"

说到这里,李晨刻意地停顿了一下,他觉得这样会更加留下悬念,然后继续说道:"谁知道不行,我开始往下沉,这下我可有点儿害怕了,赶快向几个伙伴呼叫,我和那几个伙伴的关系都杠杠的,就说那小胖吧,从小和我一块长大,饭量特别大,所以长得胖乎乎的,大家都叫他小胖。还有强子,象棋下得特别好,我们小区里的爷爷有时都会输给他。还有小辉……"

这时,有个同学不耐烦地打断了他的话:"李晨,你到底有没有沉下去啊?你的伙伴们有没有救你啊?"

"别急啊,好戏还在后头呢。"李晨接着说,"当时伙伴们离我还有点儿远,他们就先把游泳圈扔了过来,我一看这游泳圈,嘿,这是谁买的游泳圈?还真漂亮,上面是奥特曼,我心想,我这会儿要是变成奥特曼,飞起来,那该多好啊……"

这时,又有一个同学打断了他的话:"李晨,我估摸着这会儿,你已经沉下去了吧,是在做梦吧。"说完扭头走了,其他的同学也纷纷摇摇头,跟着走了。

只剩下李晨在后面叫:"哎,你们别走啊,我还没有说完呢……"

听完这个故事,你觉得李晨的口才好吗?有的孩子会说:"口才多棒啊,真能说。"那为什么同学们都纷纷走掉,不愿意继续听他说了呢?这是因为同学们发现了他说话的毛病:废话太多,说了半天也不知道他要表达什么。

的确,很多孩子说话确实像李晨一样:看似口若悬河,其实废话连篇,这样说话的人算不上什么好口才。"话多"并不代表会说,不是说把一大堆句子堆积在一起就算会说话了。真正有好口才的人说话应该是言简意赅、一语中的,而不是漫无边际、不知所云。

会说话的人应该让听者明白他想传递什么信息,而且在说话中间还要观察倾听者是不是有兴趣听,而不仅仅是为了满足自己说话的欲望而说话。会交谈的人注重的是双方的互动和交流,而不是自己一个人啰啰唆唆说个没完。

因此,学习交谈一定要抓住一个重点:话要说到点子上。父母不妨从以下几方面来培养孩子这方面的能力。

1. 父母说话要有重点

很多父母本身说话就很啰唆,平常爱唠叨孩子,在和孩子说某一件事的时候爱扯到另一件事上,东说一句,西说一句。比如妈妈开完家长会回来,教育孩子:"老师说你做作业太马虎,也是,你做作业着什么急啊,慢点儿行不?又不是时间不够,认真点。和你爸一样,你爸干什么事也是这样,从来都是慌慌张张、丢三落四,昨天我才给他买双新袜子,今天就找不着了……"

妈妈本来是教育孩子,结果说到爸爸身上去了,把原本要说的事情给忘了,说到最后"跑题"了。父母如果这样教育孩子,不仅起不到该有的教育效果,还让孩子学会了父母错误的说话方式。所以,父母每次和孩子讲话的时候,只讲一件事,讲完了一件事再讲另一件事,做好孩子的榜样。

2. 父母要督促孩子认真说完一件事

父母要积极配合孩子认真地讲完一件事，在听孩子说话时，不要三心二意，更不要在孩子正说着一个问题时胡乱打岔，转移话题，迫使孩子不得不说别的，长此下去，孩子说话自然东拉西扯，说不到点上。

如果孩子知道他所说的每句话你都在认真听，他也会认真起来，也就不容易偏离主题了。一旦发现孩子"跑题"了，要及时提醒孩子，使他马上回到所讲的话题上。比如"刚才你说你同学小丽怎么了，接着说好吗？"经过几次这样的提醒，孩子就能自觉地围绕话题的中心了。

只要孩子能够改正这个不良的说话习惯，那么，好口才必然属于他。

给孩子更多沟通、交流的机会

孩子喜欢和同龄人待在一起并不只是为了玩，而是为了寻找沟通交流的机会，在沟通和玩乐中，孩子的口才就得到了提高。

小希上小学六年级了，这一天，她跟妈妈说："妈妈，星期天让我同学到我们家里来玩吧？"

妈妈一听，连忙摆摆手："不行，不行，星期天我有很多事呢。要洗衣服，要打扫卫生。你带同学们来，会把家里弄得很乱,我还要收拾。"

"哦,那我去同学家玩可以吗?"小希说。

"去人家家里啊,最好也别去了,人家父母未必欢迎你去。你和同学们在一起就只顾玩,星期天还是在家里学习吧。"

小希虽然对妈妈的安排有点儿不情愿,但她一直都很听话,也没反对妈妈的意见,因此小希在休息日总是自己待在家里,一个人做作业,一个人看电视。平时父母也很少带她到人多的场合去,偶尔家里有客人来,爸爸妈妈总是说:"去屋里写作业吧,大人说话你不用听。"

在学校,她也大多是独来独往,平时同学们在一起叽叽喳喳说话的时候,她也很少参与,总觉得自己插不上嘴。其实,她很羡慕口才好的同学,她不知道为什么自己的嘴那么笨。无数次,小希在心里这样呐喊道:"爸爸妈妈,为什么你们不让我有多说话的机会呢?难道,女孩子就不能有一个好口才吗?"

说话需要学习,口才也需要锻炼,像小希的父母那样,不给孩子更多说话的机会,孩子的嘴当然会笨了。俗话说:朋友多了路好走,其实朋友多了,不但路好走,话也能说得更溜。

孩子和成年人一样,也喜欢交朋友,尤其是同龄的人,他们有共同的兴趣爱好,更容易谈得来。孩子喜欢和同龄人待在一起并不只是为了玩,而是为了寻找沟通、交流的机会,在沟通和玩乐中,孩子的口才就得到了提高。

现在的父母总是对孩子有过多的担心,孩子想找小伙伴玩,父母怕他们在一起会发生不愉快,又怕自己的孩子跟别人学坏。

魔法五
交谈,把话说到位才是好口才

父母认为孩子多学一样本事才是正事，与别的孩子玩都是浪费时间。父母的这些做法阻碍了孩子与同伴间的交流，造成了孩子性格孤僻、不合群，也使孩子变得不爱说话，好的口才也无从谈起。

正是这些原因导致了这些现象的出现：有的孩子文笔不错，但口头表达能力则不强；还有的孩子只有在父母面前比较爱说话，一旦到了不太熟悉的人面前就变得沉默寡言……所以，父母必须给孩子更多的机会说话，这样他们的口才能力才能得到迅速提升。下面几个要点，父母务必要注意。

1. 父母要给孩子提供交往的场所

父母应该鼓励孩子把自己的同学、伙伴带到家里来做客，千万别害怕孩子会把干净的沙发弄脏，把冰箱里的食物吃掉，而是让孩子学会如何做一个小主人，让他们随心所欲地在家里玩耍、谈天说地。

当孩子想到别的小朋友家里去的时候，父母也不要不允许。孩子到别人家做客，会学会如何和别人打招呼、介绍自己等，无疑就锻炼了自己说话的机会。当然，父母也可以加入到孩子中间，了解孩子的生活和朋友圈，这样和孩子的共同话题也会更多，和孩子聊天时也会有更多的话可说，这对孩子口才的锻炼也是有益的。

2. 鼓励孩子在课堂上多发言

要让孩子在同龄人中间多发言。当孩子说话的能力得到了同学们的认可后，自信心也可以得到提高，课堂就是一个这样的舞台。如果孩子害怕回答错误遭到同学的嘲笑和老师的批评而不敢举手发言，父母不妨先和老师做好沟通，让老师多提问自己的孩子，如果孩子回答错了，请老师给予鼓励而不是批评，相信老师也是愿意配合的。

父母也可以为孩子举办一个家庭"模拟课堂"，让孩子先预习一下。有了一定的自信后，再到真正的课堂上积极发言，孩子一定会心情放松，逐渐答得出色。

3. 鼓励孩子在大场面中锻炼说话的能力

只是在家里和课堂上多说话还是不够的，父母还要鼓励孩子在更多的公共场合多说话，在更多的人面前发言。父母可以让孩子参加各种各样的活动，比如参加朗诵比赛和演讲比赛，或者参加儿童节的节目表演等，在这些大的场合中锻炼孩子说话的胆量和能力。

给孩子更多说话的空间

每个孩子都具备好口才的潜力，却因为父母错误的教育方法扼杀了他们的这种潜力。因此，父母应该尊重孩子说话的权利，给孩子更多说话的空间。

果果8岁了，"七八九，讨厌狗"。这话说得真没错，这个年龄的小孩就是特别爱说话，果果也不例外。

这天，家里来了一位漂亮的阿姨，果果马上跑了过去，和阿姨说这说那,还问阿姨:"阿姨,你几岁了?"

妈妈立刻训斥了果果:"不可以这样说话!"

"哦。"果果答应着。妈妈去拿水果,果果又对阿姨说:"阿姨,我给你讲个故事吧。"

当果果正兴致勃勃地讲着故事时,妈妈过来打断了他的话:"别讲了,你到卧室去玩,妈妈和阿姨说会儿话。"

果果说:"妈妈,我想听你们说话,你们说吧,我不吵。"

于是,果果就坐在旁边听大人说话,但他总是忍不住想插嘴,妈妈训斥他说:"大人说话,别乱插嘴。"

果果说:"妈妈,你们说的我也知道,我也要发表意见。"

"小孩子懂什么,去,到一边玩去。"妈妈说。

在大多数的家庭里有个很奇怪的现象:父母对孩子的物质要求有求必应,但对孩子的想法、行为却有诸多限制。就拿说话来说,父母总是这样说孩子:"怎么能这样说话呢?"或者"这些话小孩子不能说。"弄得孩子张嘴之前就顾虑重重,说完之后又遭到大人的训斥,这样孩子说话的积极性必然遭到打击,逐渐就变得不爱说话,好口才自然也就无从谈起。

有的父母还会抱怨说:"这孩子怎么不像别人家的小孩嘴那么巧?"殊不知,这正是父母禁忌太多的缘故。小孩子凡事都在学习的阶段,话说得不恰当是正常的,如果对他们限制过多,他们将永远不可能拥有好口才。

就像故事中的父母那样,粗暴地打断孩子讲话,甚至阻止、批评孩子讲话,不给孩子发言的机会,这样怎么能锻炼孩子的口才呢？受到指责的孩子不是变得不善表达、没有主见、怯懦、退缩，就是变得独断、盲动，听不进别人的意见。

事实上，每个孩子都具备好口才的潜力，却因为父母错误的教育方法扼杀了他们的这种潜力。因此，父母应该尊重孩子说话的权利，给孩子更多说话的空间，下面这几点，父母一定要注意。

1. 父母要鼓励孩子大胆说，错了也无妨

大人也会说错话，何况孩子还在学说话的阶段。俗话说"童言无忌"，父母不要因担心孩子说错话而不让他们说，而是应该给他们更多说话的机会和空间，鼓励他们大胆说，就算说错了也无妨。孩子说错话不会造成多大的恶果，父母只要及时纠正就可以了。

就像故事中的果果一样，他问了阿姨的年龄，妈妈粗暴地训斥他："不可以这样说话。"这样做孩子并不知道为什么不能这么说。其实，妈妈只要告诉果果："问女士的年龄是不礼貌的，以后不要随便问哦。"孩子自然知道什么话该说、什么话不该说，口才能力自然也就提高了。

2. 允许孩子辩解

当父母训斥孩子的时候，孩子有时候会忍不住辩解，这又会招致父母的训斥："你还狡辩！""你还嘴硬！"不让孩子为自己辩解，孩子的口才能力就被弱化了，长大后，当孩子受到委屈不会为自己辩解的时候，父母又会气愤地说："你怎么这么懦弱？你是哑巴吗？你不会为自己辩解吗？"孩子真是百口莫辩，孩子的说话空间已经被父母剥夺了，好口才早就荡然无存。

因此，父母应该允许孩子辩解，让他们说："你为什么这样说？理由是什么？"学会"自圆其说"，这也是好口才的人必须具备的能力。

3. 让孩子自由地表达他们的思想

好口才不仅不能是空洞的语言，更要言之有物。当孩子有了自己独特的思想的时候，父母应该欣喜：孩子的口才能力又要上一个台阶了！这时候要鼓励孩子："你是怎么想的？只管说出来，大家可以讨论一下。"

平等地对待孩子，尊重他的想法，让他自由地表达所思、所想，当他梳理过自己的思想，并用语言表达出来的时候，他的口才无疑就得到了锻炼。

有条理才能让人听明白

一个人要想把话说好，必须具备3种能力：逻辑能力、思维能力、语言表达能力。如果说话没有条理性，那么你的表述只会像一盘散沙，看似洋洋洒洒，实则不知所云。

冬冬10岁了，他性格活泼，很爱说话，每次放学后都爱把学校发生的事情讲给爸爸妈妈听。这一天放学后，他对爸爸说："爸爸，今天我们班里发生了一件事，让我特别难过。"

爸爸连忙问："什么事啊？"

冬冬继续说道："明天我们班和二班要举行足球比赛，我的同桌刘强脚伤了不能上场。刘强是我们班的体育委员，他每次考试都是全班第一名。今天第三节体育课，老师进行百米测试，5个人一组，每组跑3次，选一次最快的成绩作为考试成绩。我和刘强分在了一组，第一次赛跑，刘强比我快0.2秒，第二次我又落在了他后面，可是他在冲刺的时候摔跤了，脚扭伤了，肿得老高，结果我跑了第一，真让人担心啊！"

冬冬说完了，爸爸有些摸不着头脑：真让人担心？担心什么？是担心自己跑不了第一？还是担心第二天的足球比赛刘强因脚伤不能上场？还有冬冬开始的时候说特别难过，可是最后他也没说自己为什么事难过。

冬冬的话也许让你也听得糊里糊涂的，的确，冬冬说话东一榔头，西一棒槌，"砸"得人确实有点晕。他先说结果，再说原因，有的结果最后也没给出原因，这样说话确实让听的人很累。为什么冬冬说话会带给人这样的感受？这是因为他说话没有前后顺序、没有条理性。

一个人要想把话说好，必须具备3种能力：逻辑能力、思维能力、语言表达能力。逻辑能力又叫条理性，即思维的规律性，而思维的规律性是与客观现实的规律性相吻合的，也就是说一个人说话必须要与客观现实的规律相吻合，简单地说就是说话要有先后顺序，不能颠三倒四。把事情发生的时间顺序、起因、经过和结果等进行有秩序的安排。如果内容比较多，还要进行分类，逐类说明。如果说话没有条理性，那么你的表述

魔法五
交谈，把话说到位才是好口才

只会像一盘散沙，看似洋洋洒洒，实则不知所云。

有的父母会说，这要求太高了，孩子可做不到。其实不然，孩子只要按照事物发展的顺序来说话就行了，3岁以上的孩子就有这样的初步意识了，父母不要低估了孩子的能力。一个说话没有条理性的人只会让听他说话的人感到匪夷所思、一头雾水，甚至会非常痛苦："你到底在说什么？！"这样会严重影响孩子的沟通和交流。因此，孩子要想拥有好的口才，说话必须具有逻辑性。

父母要培养孩子说话的逻辑性，可以从下面几个方面着手。

1. 教孩子观察客观事物的顺序

说话既然必须与客观现实的规律相吻合，那么观察事物的发展规律是必需的。无论是自然界动植物的变化，还是社会上人们的行为，都有其发展的规律性，父母可以让孩子观察客观世界一切事物的顺序：一年有春夏秋冬；一天有早中晚；植物从播种、发芽到收获；生物有生老病死；一件事情有先后、因果；就连吃饭、穿衣也有顺序。

当孩子对客观事物的顺序有了一定的认识，自然就有了说话条理性的基础，好口才也就渐渐萌芽了。

2. 教孩子有顺序地表述

当孩子了解了事物的发展顺序，就要引导他们按照顺序来表达。

首先是时间顺序。父母可以让孩子从他最熟悉的事物按时间顺序描述，比如："今天是星期一，早上7:30开始升旗。第一节是语文课，我最爱上语文课了。第二节是数学课，老师讲得好精彩！第三节是体育课，我们练习了排球……下午活动的时间，我们在沙坑里玩儿，鞋子里弄得都是沙子。"

其次是空间的顺序。比如："妈妈今天带我到公园玩，一进门就看到红红的两个大灯笼。再往里面走，是一个美丽的湖，湖心有一个小亭子，湖面还有一条小船。绕过这个湖，是一座假山……"

最后是情节发展的顺序，这个会稍难一些。比如上面故事中冬冬描述的事情可以这样说："今天第三节是体育课，老师进行百米测试，5个人一组，每组跑3次，选一次最快的成绩作为考试成绩。我和刘强分在了一组，刘强是我们班的体育委员，他每次考试都是全班第一名，我真担心跑不过他！第一次赛跑，刘强比我快0.2秒，第二次我又落在他后面，可是他在冲刺的时候摔跤了，脚扭伤了，肿得老高，结果我跑了第一。但是我感到很难过，因为明天我们班和二班要举行足球比赛，我的同桌刘强却扭伤了脚不能上场。"让孩子按照事情发展的先后顺序、因果关系来叙述，就不会让别人听起来太乱。

父母只要对孩子有意无意地进行这样的训练，并坚持不懈，相信无论是时间、空间还是更加高级的逻辑顺序，孩子都能一一掌握，那么孩子具备好口才的前提条件也就有了。

3. 用连词来表现说话的条理性

在叙述事情发展的顺序时，孩子可能比较难把握。这时，不妨利用连词来实现说话的条理性，比如"先……再……然后……最后……"或者"首先"、"其次"、"再次"、"最后"等句式叙述，这样既可以把事情表述得有条理，又可以更完整。例如：

我们今天要和二班举行一场篮球比赛，我们先进行了一系列的准备工作，然后和对手练习了几分钟，最后就开始正式比赛了。

当然，我们也可以用先归纳后总结的方式来实现说话的条理性，比如开始先点题，接着陈述观点，最后做总结说明，这样也可以使说话富有条理性。

总之，这些方法要活学活用，可以单独使用，也可以综合运用。孩子如果学会了灵活运用这些说话的技巧和方法，一个口才大师就呼之欲出了。

不要让嘴巴得罪人

一个好口才的人说话首先要有真诚、温和、谦虚的态度，没有这样的态度，再会玩嘴皮子，也只是在玩弄说话的技巧，不可能成为口才大师。

小刚平时的时间都用在了学习上，业余时间很少玩乐，课外知识知道得不多，体育锻炼也很少参加。他意识到自己这样下去不太好，于是就想和同学们多接触接触，改变一下自己。

这天一帮同学聚在一起聊天，小刚走了过去，想参与其中，一个同学看到他走过来，就说："哟，书呆子来了。"

小刚有点儿不好意思，问："你们在聊什么啊？"

一个同学看了看他，对着其他同学说："咱们刚才是不是在说外星人啊?"

小刚一听,脸上挂不住了,他知道这个同学在笑他什么都不懂,就像是外星人一样,于是,小刚离开了聊天的同学们,来到了操场,想和同学们打打篮球。

一个同学听到他要打球,趾高气扬地说:"要和我们打球啊,看到没,那边一年级的小朋友正在拍皮球,你先去练习练习,然后再来和我们打。"

小刚一听气得眼圈都红了:"就算我篮球打得不好,你也不能这么挤对人。"

现在的孩子口才越来越了得,知道什么是指桑骂槐、绵里藏针,骂人都不带脏字,嘲讽别人更是拿手。不过,这样说话的孩子可不算有好口才。一个喜欢对他人冷嘲热讽、说话带刺的人根本就没弄明白什么是真正的好口才。

好口才的人说话以"愉人愉己"为最高境界。打着开玩笑的旗子来挖苦别人,把嘲讽别人当作一大乐趣,说话就是为了过过嘴瘾,把自己的乐趣建立在别人的痛苦之上,这样的人真是误解了"好口才"的定义。

一个好口才的人说话首先要有真诚、温和、谦虚的态度,没有这样的态度,再会玩嘴皮子,也只是在玩弄说话的技巧,不可能成为口才大师。真正好口才的人首先是一个内心宽厚、有修养的人,其次才是纯熟地运用说话技巧。

而有些孩子不说则已,一说就伤人。甚至不伤别人誓不罢休,尤其喜欢高高在上,以语言控制别人,这样的孩子有强烈

魔法五
交谈,把话说到位才是好口才

的优越感,是极端自负的心理在作祟。如果不改掉这个毛病,孩子以嘴巴得罪的人会越来越多,好口才也将无从谈起。

所以,父母一定要帮助孩子纠正这个毛病。可以从下面几个方面来着手。

1. 让孩子明白说话带刺是伤人伤己的事情

说话带刺会伤害别人,这是毋庸置疑的。同时,这也会给自己的内心带来伤害。

孩子的本质都是好的,内心深处总还是善良的,当看到别人因为自己的言语而受伤的时候,刚开始可能还有一丝快意,但平静下来,就会后悔自己的行为。特别是对方为了保护自己也会说出更难听的话,那么双方的心灵都会受到伤害,甚至留下难以愈合的伤疤。

就像故事里的小刚,在同学们奚落他是外星人的时候,若这样回敬同学:"我是外星人,但不管怎么说,还是一个学习好的外星人,不像某些人,考试成绩是鸭蛋,回家经常挨棍子。"

如果小刚真的这么说,那么那个奚落他的同学心里能好受吗?所以,父母一定要让孩子明白说话带刺是个得不偿失的事情,真正好口才的人是不会这样说话的。

2. 让孩子用平等的心态对待他人

孩子之所以爱嘲笑、挖苦、奚落别人,说话带刺,有一个很重要的原因就是心态没摆正:自负、自大、高高在上,看别人总是不顺眼,不教训别人几句心里就不舒服。例如看着穿着朴素的同学,就嘲笑他们:"哎哟,现在正流行'乞丐装',你可真会赶时尚。"

对于这样的孩子，父母首先要让他们摆正心态：别人的生活条件也许不如自己，也可能没有自己优秀，但在人格上和自己是平等的，自己没有资格嘲笑他们。

其次，父母要让孩子知道，喜欢挖苦、讽刺别人是他在好口才之路上的"拦路虎"，不改掉这个毛病，就收获不了好口才。

3. 不做说话带刺的父母

孩子爱说话带刺，父母很可能是孩子这方面的第一任老师。有些父母觉得孩子的字写得不好，会这样教育孩子："瞧你这字写的，龙飞凤舞，真是中国第一大草书书法家。"孩子的学习成绩不好，父母这样批评孩子："成绩不错嘛，几门功课加起来，刚好是一根油条、俩烧饼，行，明天早餐你就吃这个吧。"这样的说话方式，估计孩子在难受之余也不得不佩服父母的"口才"，不跟着学才怪呢。

所以，父母必须改变自己这种阴阳怪气的说话方式，用正常的方式、语气、语调和孩子说话，才能让孩子的口才往健康的方向发展。

把贫嘴变为幽默

贫嘴的孩子开起玩笑来没有节制，说起话来无遮无拦，甚至不分场合、不分事情地乱开玩笑，你想和他认真地谈一件事情，结果却被他搅黄了，很令人反感。

可可和乐乐两个小朋友在聊天，可可问乐乐："请问你今年几岁了？"

乐乐笑嘻嘻地答道："我比去年大1岁。"

"那你去年几岁啊？"可可问。

乐乐说："那自然是比今年小1岁了。"

可可很无奈，只好换了个话题："你家里有几个人？"

乐乐说："我家里的人和家里的伞的数量一样多。"

"哦，那你家里有几把伞？"

乐乐说："每人一把。"

可可很无语，只好又问别的："你家在哪儿？"

乐乐说："在马路南边。"

可可问："哪一条马路南边呢？"

乐乐说："小区门口北面的那一条。"

可可摇摇头，走了。

故事中的乐乐说话喜欢绕，说来说去都是废话，没有内容，只不过是在贫嘴。有的孩子会说："这哪里是在贫嘴，这分明是幽默。"那是因为这些孩子没弄明白贫嘴和幽默的区别，才会把肉麻当有趣，把贫嘴当幽默。实际上，贫嘴和幽默是有很大的不同的。

贫嘴大多是废话或玩笑话，没什么逻辑，没什么道理，有时甚至是狡辩，说话的态度也不真诚；而幽默是言之有物、出人意料、令人发笑的，同时又让人回味深长的语言。幽默的人一就是一，二就是二，不会否认自己的错误，但会通过令人发笑的语言化解自己的尴尬处境。

有些孩子则觉得贫嘴和幽默都会令人发笑，那证明它们还是一样的，实际并非如此。贫嘴令人笑过之后让人无语，而幽默令人笑过之后却让人深思。一个高雅、一个低俗，一个真诚、一个虚伪，这就是幽默和贫嘴的本质区别。

贫嘴的孩子开起玩笑来没有节制，说起话来无遮无拦，甚至不分场合、不分事情乱开玩笑，你想和他认真地谈一件事情，结果却被他搅黄了，很令人反感。但有的人则认为贫嘴的孩子说话不会冷场、善于调节气氛，是好口才的表现。看来，贫嘴并不是一点儿不受欢迎，它和幽默的距离并不远，所以，贫嘴的孩子在和他人的谈话中只要节制一点，把握好度，也会像幽默的人一样拥有好口才，受到他人的欢迎。

真正具备好口才的人不会随便贫嘴，但知道什么时候该幽默。如果孩子能区分贫嘴和幽默的区别，并能在生活中少贫嘴，多幽默，那一定离口才大师越来越近了。父母该如何教育这些爱贫嘴的孩子？不妨试试下面几种方法。

1. 适度的贫嘴可以练"嘴皮子"，对口才也有帮助

贫嘴也有很多好处，比如可以活跃谈话气氛、拉近人的距离。贫嘴的人往往性格都很好，天性乐观、开朗热情、心理健康，等等，尤其是贫嘴的人嘴上功夫都很出众，嘴皮子都很溜。所以，如果孩子不是过分的贫嘴，父母不必干预，让他们偶尔贫一下，对人对己都没什么坏处，还可以锻炼孩子的口才。

2. 无节制的贫嘴会影响孩子的口才，父母必须制止

但当孩子贫起来没完没了，油嘴滑舌，甚至不分对象、场合，大事小事都贫，并严重影响了和别人谈话的时候，父母就必须制止。例如，妈妈和孩子说："儿子，我跟你说一件事。"儿子接道："事事事，都是事，何时无事?"这个时候，父母就必须对他说："请你不要再耍贫嘴了，等妈妈把话说完，你再去表达好吗?"

3. 幽默才是孩子应该追求的好口才的境界

要改变孩子爱贫嘴的毛病，最好的方法是让他学会幽默。贫嘴充其量是幽默的初级阶段，会幽默的人才是真正有好口才的人。父母要让孩子多读书，尤其是一些幽默大师的作品，以此充实孩子的内涵，让孩子做一个有思想、有深度的人。这样的话，孩子就会摒弃贫嘴的毛病而爱上幽默，说起话来自然就不会流于肤浅，口才就会越来越好。

不雅口头禅有损形象和口才

有些孩子的口才本来很不错，但却因为有了一些不雅口头禅，损害了孩子的个人形象，也严重影响了孩子的人际交往，因此，必须让孩子立即改掉。

小梅今年12岁了，她平常特别爱看偶像剧，里面的台词都

很熟悉，因此她经常和同学们讨论剧情和台词。

有一天，小梅的表弟来了，和小梅一起玩，还没玩多久，表弟就和小梅爸爸说："表姐不欢迎我，我要走了。"

"不欢迎你？你们俩不是玩得挺好吗？没有看到她有不欢迎你的举动啊。"小梅的爸爸说。

表弟委屈地说："表姐说让我'滚'，而且说了很多次。"

爸爸一听，连忙过去问小梅："你为什么让表弟'滚'呢？表弟怎么得罪你了？"

小梅一时有点糊涂："我没有让他滚啊。"突然又想起来什么似的说："哎，我那是口头禅，说说而已，哪里是真的让他滚啊。"

爸爸教训她说："这种口头禅怎么能乱说呢，别人要当真了怎么办？"

小梅还是没觉得有什么不妥："偶像剧里不都这么说嘛？你们不知道，这样说话很时髦的。"

和小梅一样，很多孩子都有口头禅。有的孩子喜欢在说话中说"嗯"。有的孩子说话时总是喜欢这样开头："哎，你知道吗？"有的孩子不管别人说什么，接话时总是喜欢说这一句："是不是？"这些口头禅本无伤大雅，只是个人习惯罢了，但有些口头禅就不可取了，例如："傻瓜"、"笨蛋"、"神经病"、"白痴"、"要你管"等，这些口头禅不仅会让人觉得孩子没礼貌，还会伤害别人的自尊。

有些孩子的口才本来很不错，但却因为有了一些不雅口头禅，损害了孩子的个人形象。再加上网络流行语、电视流行语对孩子的冲击，他们会在说话时胡乱运用，让人听起来不仅别扭，甚至哭笑不得。

其实，口头禅只是一种说话习惯，并非孩子的真正意思。例如，"你去死吧"，并不是真的让人去死；"你傻啊"，也不是真的说对方傻。但应该让孩子知道，虽然你的本意并非如此，但听者也会觉得不舒服，甚至会导致误解和不快，不但影响谈话效果，还会影响人际关系。所以父母一定要督促孩子改掉这些不雅口头禅，但既然是习惯，一天两天是不可能改掉的。而且有些口头禅，孩子也是无意间形成的，连他自己都不知道给别人带来了不快。所以，父母对此也不要大动肝火，而是要看孩子的口头禅是怎么形成的、有什么样的后果，如果无伤大雅，就提醒他们收敛；如果是不雅口头禅，严重影响了孩子的人际交往，则必须让孩子立即改掉。

下面就来和父母探讨一下，怎样帮孩子改掉不雅口头禅这个不好的习惯。

1. 分析孩子形成不雅口头禅的原因，对症下药

孩子的口头禅形成的原因很多，有些是大人的原因，比如有些父母总爱说孩子："你这个小猪头，怎么这样不小心呢？""又碰到你的猪头了吧。"或者"昏头了吧，这么简单的问题都把你整糊涂了。""又昏头了，课本都忘学校了。"孩子的模仿能力很强，大人的不雅口头禅，孩子都会照单全收，所以父母也必须反省自己的言行。

有些孩子的口头禅是从影视作品中学到的，比如一些台湾

的电视剧爱说:"死翘翘的啦。""切!"一些含暴力情节的电视剧里的人物爱说"老子"如何如何,孩子觉得这些口头禅说起来很时髦、很像大人,就学着说。父母就要让孩子明白:这些口头禅不符合孩子的身份和年龄,也是没素质的表现,不能乱说;不雅口头禅说得再利索、再时尚,也不代表口才好,真正口才好的人首先是个有礼貌、有素养的人。

2. 按孩子的口头禅去做

孩子的口头禅都只是说话习惯,并非他真正的意图,父母在孩子说口头禅的时候不要直接指责,不妨按孩子的口头禅的意思去做,让孩子明白自己的口头禅是不妥的。

例如,孩子说:"滚!"父母可以接着说:"那我真的滚了啊。"孩子就会马上道歉:"对不起,对不起,我说的不是这个意思。"只有让孩子自己觉得他的口头禅是不妥当的,才会有意识地去改。

3. 让孩子换个词,再说一遍

在孩子说不雅口头禅的时候,父母也可以这样做:让孩子换个词,再说一遍。例如,孩子和同学在做作业,有一道题同学不会做,请教孩子,孩子说:"你这个笨蛋,怎么这都不会?"父母如果听到了,就要严肃地对孩子说:"你刚才说什么?怎么能说同学是笨蛋呢!换一个词再说。"

只有这样,孩子才能明白说话不能无所顾忌,必须考虑别人的感受。

"针锋相对"只会离好口才更远

孩子说话时反驳他人,是自己独立思想和个性的表达,但若发展到极端,必然成为孩子沟通和交流的障碍,父母千万不要掉以轻心,一定要帮孩子引导和纠正。

在别人的眼里,莹莹的口才似乎不错,说话时滔滔不绝,和别人争论的时候,她总能占上风。在受到批评的时候,她也很能为自己辩解,尤其是和妈妈顶起嘴来,妈妈一句,她一句,从不示弱。

有一次,莹莹的老师因为一件小事批评了莹莹,但莹莹并不虚心接受,老师批评了一句,她说了一大堆为自己开脱的理由。老师没有办法,把这件事告诉了莹莹的妈妈,让妈妈配合老师一块教育她。

晚上,吃过晚饭,妈妈对莹莹说:"莹莹,今天老师是不是和你谈心了?"

"谈心?"莹莹说,"他那叫谈心吗?整个一批斗大会。"

妈妈和气地说:"那他为什么要批评你啊?"

"老师纯粹是无理取闹,我又没做错什么。"莹莹一脸的无辜。

"你怎么可以说老师无理取闹呢?老师批评你总是有理由的。"

"什么理由啊?你们大人做事没理由也能为自己找到理由,我们小孩有理由也被你们说成是没理由。"

"你……"妈妈有点儿语塞,"你怎么可以这样评价大人呢?父母和老师都是为了你们好。"

"算了吧,你们打着为我们好的旗号控制我们,这也不准,那也不准,这样做也错,那样做也错,求求你们,别再对我们这么好了。"莹莹一点儿都不领情。

"莹莹,你这样的态度可不太好,妈妈今晚本来是要和你好好谈谈的,你倒教训起妈妈来了。"

"你们整天高高在上地教训我,为什么就不能让我发表一次意见呢?你们……"

总之,不管妈妈说什么,莹莹都不能虚心接受,和妈妈总是针锋相对,最后什么也没谈成。

相比较父辈来说,现在的孩子从小就见多识广,凡事都有自己的一套观点,自我意识也比较强,这就造成了孩子在和他人谈话时不懂得虚心接受他人的观点,也不懂得收放有度,嘴巴上从来不认输、不示弱,不肯先退一步,不辩个你死我活不罢休。

这种现象,给父母带来了很多困扰:现在的孩子怎么这么难教育?你说一句,他有十句在那等着你呢。尤其是孩子嘴里不时蹦出的网络语言和流行词汇,父母听都没听过,更不知该如何应答。

一些孩子不仅和父母说话针锋相对,对待老师和同学也是

魔法五
交谈,把话说到位才是好口才

如此。无论别人说什么,他们不是先考虑别人说得是否正确,而是习惯性地先进行反驳,让别人觉得他们的嘴巴真是太厉害了,不敢说他们一点儿不好,简直是"老虎屁股摸不得",无法沟通。

孩子说话时反驳他人,是自己独立思想和个性的表达,但若发展到极端,必然成为孩子沟通和交流的障碍,那么,"伶牙俐齿"不但不会帮助他的口才得到提升,还会成为他具备好口才的绊脚石。

所以,父母对孩子的针锋相对千万不要掉以轻心,一定要帮孩子引导和纠正。

1. 针锋相对只能让谈话陷入僵局

说话爱和别人针锋相对的孩子都有这样的体会:双方互不妥协和退让,你一言我一语,针尖对麦芒,互相伤害、打击甚至是漫骂,本意是想通过沟通达成共识,没想到反倒使谈话陷入僵局,该说的没说,不该说的都说了,结果不是不欢而散就是大动干戈。

对于这种情况,父母一定要帮孩子理智地分析:感性的语言必须要有理智的头脑去控制,总有一方要退让。说话不管不顾、冲动任性的人不管多么能说也不算是好口才的人,要想使谈话有一个良性的结果,必须放弃"针锋相对"的谈话方式,一个好口才的人是懂得收敛和控制语言的人。

2. 让孩子学会体会别人话的真正意思,不要只盯着字面意思去理解

喜欢针锋相对的孩子大多是很聪明的,反应很快,但他们

的这种聪明却没有用对地方，确切地说，他们过于敏感。在和别人说话时，他们体会不出对方要表达的真正意思，有时对方表达的是善意，他们却听着像恶意。他们总是揪住其中的一两个词不放，放大负面的感受，尤其是别人不慎用错词的时候，更是不依不饶。

例如故事中的莹莹，她的每句话都是抓住妈妈说的最后一个词大做文章、借题发挥，妈妈每句话都在表达着爱和关怀，她却压根儿没听出来。她没有把谈话当作一场轻松的交流，总是抱着一种"战斗"的态度在说话，所以才造成了和妈妈"针锋相对"的结果。

针对这种情况，父母就要让孩子认识到：学会倾听、学会交流、懂得体察别人说话的本意和重点、学会包涵别人偶尔的用词不当，只盯着别人说话的字面意思去理解，就显得太小气和小题大做了，一个好口才的人是不会这样的。

3. 父母先停止针锋相对

在陷入谈话的僵局时，如果有一方先退让，孩子就算想针锋相对，恐怕他的"伶牙俐齿"也无用武之地了，所以，孩子在和父母针锋相对的时候，父母不妨先闭嘴、先退让，毕竟父母的涵养总是好于孩子，孩子一旦看到父母不吭声了，也就不会那么咄咄逼人了。

等孩子的情绪缓和之后，父母不妨轻声细语地对孩子说："别那么敏感和激动，我的话可不是那个意思……"或者："我明白你的意思，但你说话的态度和口气可不好，如果你换一种方式说话，我早就接受你的意见了。"只要父母稍作开解，聪明的孩子马上就会明白自己的不当之处。

除了包容自己孩子的针锋相对，父母和自己的爱人、和家里的老人、和自己的朋友说话时都不要针锋相对，只有父母以身作则，教育起孩子来才更有说服力，父母和孩子的口才才能都有所提升。

魔法六
赞美，打开他人心房的金钥匙

　　每一个人都渴望得到赞美，因为每个人都希望自己的价值能得到他人的肯定。

　　赞美不是一件单方受益的事情，它能带来双赢的结果。一个经常赞美别人的孩子，一定非常善于发现别人的优点，并有宽广的心胸。因为，心胸狭窄、爱忌妒的孩子是不会轻易赞美别人的。

赞美能带给他人无穷的力量

赞美就像是一支火把,可以驱走人们内心的黑暗。一句称赞的话犹如一泓清泉,滋润着人们的心田。

有一个小女孩特别喜欢唱歌,但因为身材又矮又胖,老师拒绝她加入合唱团。小女孩很伤心,躲在公园里面哭泣,她想:"为什么老师不让我加入合唱团呢?难道我唱歌很难听吗?"

想着想着,小女孩就低声唱起来,她唱了一首又一首,直到唱累了她才停下来。这时,她听到有人说:"唱得真好听!"说话的是一个满头白发的老人,"谢谢你,小姑娘,你让我度过了一个愉快的下午。"说完老人就起身走了。

"原来我唱歌很好听啊。"小女孩想,"那么我不能放弃唱歌,要好好练习。"

许多年过去了,小女孩变成了大女孩,女大十八变,她不仅变得美丽窈窕,而且成了很有名气的歌手。

她没有忘记那个夸她唱歌好听的满头白发的老人，于是她到那个公园去找老人，但那里只有一张孤独的靠椅，老人已经不知去向。

她四处打听老人的踪迹，有人告诉他："他已经去世了，他是个聋子，都聋了20多年了！"姑娘惊呆了，那个静静聆听她唱歌并热情赞美她的老人竟是个聋子！

从这个故事中我们可以看到赞美的力量有多大。如果当初没有老人的一句赞美，小姑娘很可能不但成不了著名歌手，还会在自卑中度过一生。

赞美就像是一支火把，可以驱走人们内心的黑暗。一句称赞的话犹如一泓清泉，滋润着人们的心田。

每一个人都渴望得到赞美，因为每个人都希望自己的价值能得到他人的肯定。一旦这种心理需求得到满足，人的自尊心和自信心都会得到提高，从而人的潜力就能被激发，做事情更容易成功。孩子如果能经常得到赞美，将会变得更加自信、乖巧和懂事。如果有人经常责骂他，那他难免意志消沉、变得颓废。

赞美不是一件单方受益的事情，它能带来双赢的结果。一个经常赞美别人的孩子，一定非常善于发现别人的优点，并有宽广的心胸。因为，心胸狭窄、爱忌妒的孩子是不会轻易赞美别人的。

通过发现他人的优点，也可以触动孩子对所称赞的美德或事物的向往，使孩子向别人学习，从而在温暖和鼓舞他人的同时完善自己。试想，一个从你身上感到温暖的人，怎么不愿意与你交流？一旦建立起良好的沟通平台，那么，孩子的口才就能得到锻炼、得到提高。

有一个地方经常刮台风，这一天，天气预报说台风又要来袭，妈妈对6岁的女儿说："台风又要来了，咱们要做好预防。"

谁知，小女孩说："妈妈，我喜欢台风。"

妈妈很吃惊："哦？你为什么喜欢台风呢？"

"因为台风来了，就会停电。"小女孩答道。

"哦，难道你喜欢停电？"妈妈问。

"因为停电了，你就会点蜡烛。"小女孩说。

"原来，你喜欢点蜡烛啊。"妈妈笑了。

"是的。"小女孩说，"当我拿着点着的蜡烛走来走去的时候，妈妈说我像天使。"

小女孩的思维还很简单和稚嫩，但她已经体会到了被赞美的快乐。渴望得到他人的赞美是人的天性，如果孩子能经常赞美别人，那么他的身边一定围绕着很多朋友，因为谁都喜欢和让自己自我感觉良好的人在一起。

有的孩子会抱怨别人对自己不热情、不友好，其实人际交往就如一面镜子，一个经常赞美别人的人能让对方的自尊心、荣誉感得到满足，从而对赞美者产生亲切感，这时彼此的心理距离就会因赞美而缩短，别人也会回馈你热情的笑脸。

赞美的力量和作用是巨大的，它是语言沟通与交流中万能的钥匙。即使再亲近的人，也喜欢听到你的赞美而不是批评。

如果你的孩子懂得如何赞美别人，再加上他聪明的脑袋、脚踏实地的精神，他就等于有了成功的开始。从某种意义上说，学会赞美别人是人生成功的阶梯。

赞美必须真诚且发自内心

赞美能够展现一个人的口才能力，能够给人带来无穷的力量，但它的前提是态度必须真诚且发自内心。

五代十国时期，后梁太祖朱温的手下有一批喜欢阿谀奉承的人。

一次，朱温和几个宾客在一棵大柳树下休息，大柳树枝繁叶茂，遮盖了炎炎烈日，树下清风习习，十分凉爽，朱温不禁赞叹道："这是一棵好柳树啊！"

宾客为了讨好他，纷纷学着他赞叹："是一棵好柳树，一棵好柳树。"

朱温听了觉得好笑，故意又说道："这棵柳树可以做车头。"实际上柳木是不能做车头的，但宾客们不管这些，还是学着朱温的口气说："对，对，可做车头。"

朱温对这些鹦鹉学舌的人烦透了，厉声说："柳树怎么能做车头！你们说话能不能有自己的想法？把这些说'柳树可以做车头'的人全部抓起来砍头。"

看完这个故事,你能说这些宾客不懂赞美吗?可是你能说,他们拥有好的口才吗?

赞美能够展现一个人的口才能力,能够给人带来无穷的力量,但它的前提是态度必须真诚且发自内心。如果他人赞美,你也赞美,或他人说什么,你也鹦鹉学舌,就会让听者陷入很不自在的境地,被赞美者非但不会感谢你,反倒会对你敬而远之。

由此,父母一定要避免自己的孩子成为这样的人。因为每个人都有自己的大脑和思想,对同一事物的看法肯定是不太一样的,他人肯定的事情,你也许觉得是错的;就算同样是赞美,角度和内容也不会完全一样。如果他人说什么,你就不假思索地附和,那就会变成一条"应声虫",说出的话也不会受人重视。这样的孩子,即使赞美能力再强,别人也不会觉得他的口才好,反而会对他产生厌恶。

但为什么有的孩子就是喜欢人云亦云、鹦鹉学舌?首先,他是个懒人,不喜欢动脑筋,但自己又必须参与谈话,否则就显得不合群,因为怕被孤立和被排斥,于是就跟在他人后面附和,装出有同感的样子。

其次,随声附和不需要担风险。就像打麻将时跟着别人出牌一样,别人出过的牌,"放炮"的概率会更小,可以说是没有风险的,于是,那些怕说错话得罪人的孩子就尽量照着别人说过的说,人云亦云。

最后,就是怕别人觉得自己没水平,同一个人或同一件事情,对方都看出来好了,自己若没看出来,显得自己多没水平啊。可是，让他用自己的语言夸，他又不会，不得不对方说什么，他就跟着说什么，这也是虚伪的一种表现。

不管是哪一种原因，孩子都不能让自己成为一个人云亦云的人。现在是崇尚个性的年代，孩子正是发挥想象和创意的年龄，只有针对对方的特色作不落俗套的赞美，才能真正展现出自己的口才。

但有的孩子会说："我也想真心诚意地赞美别人，不想人云亦云，但我不知道该怎么做。难道，我只能做一个口才愚笨的孩子吗？"

孩子，不要丧气，看看下面几条方法，也许你就能找到属于你的赞美诀窍。

1. 丰富自己的语言词汇

有的孩子也想真心诚意地赞美别人，无奈肚子里没有那么多赞美人的词语，只好跟着别人说。对于这样的孩子，父母要让他们多看书，丰富自己的知识，积累自己的语言词汇，多读、多看、多思考，有了丰富的语言词汇和自己独特的见解，自然能发表自己的观点，也就不会人云亦云了。

2. 也可以说大实话

有的孩子嘴比较笨，既说不出优美的词汇，也没有那么独特的见解，不妨说一些实在的话赞美别人："我觉得你的作文写得挺好的，除了语言稍微有点儿啰唆之外，不过究竟怎么好，我也说不上来。"这样实在的赞美，没有什么华丽的词汇，也没有什么独特的见解，但只要是真心诚意的，别人也能很受用。

赞美要恰如其分，恰到好处

恰如其分地赞美能起到鼓励他人的作用，但如果随意夸大，把对方的七分成绩说成十分，把对方本来很朴素的想法拔高到理想化的境界，反倒会起相反的作用。

小磊的妈妈虽然已人到中年，但身材苗条，打扮得体，平时有不少人夸妈妈漂亮，小磊也为此感到自豪。

这一天，小磊和妈妈一起去参加一个宴会，刚到了宴会大厅，就有好几个人围过来，有几位阿姨问妈妈的衣服是在哪里买的，怎么这么漂亮，其中有位男士也发出了他的赞美："陈姐，你今晚看上去真漂亮，很像个女人。"

周围的人听到这句话都忍不住笑了起来，妈妈不高兴了："你什么意思，你是说我平时不像个女人吗？"

看到妈妈有些生气，小磊不解地问道："妈妈，叔叔在表扬你，为什么你还生气了呀？"

听到孩子的稚声稚气，妈妈好气又好笑，说："那个叔叔不懂赞美人，你可不要学他！"

故事中的男士本来是要称赞小磊的妈妈，但因为用词不当，反倒弄巧成拙，听起来不像是赞美，倒更像是贬低或侮辱，结果自然是不欢而散，事与愿违。很多人在赞美他人的时候也是真心诚意的，但却不知道话该怎么说，甚至说错了话、得罪了人自己还不知道。

有些孩子也是这样，在赞美别人的时候，他们喜欢用一些夸大的词语，比如："你太伟大了，我对你真是佩服得五体投地。"碰到喜欢被"拍马屁"的人还好，如果对方是个认真而严谨的人，你的高帽子就戴错了地方。恩格斯就曾经被人冠以"伟大的思想家"、"无与伦比的革命导师"、"马克思的再现"等称号，但恩格斯一点儿都不喜欢这样的称呼，他说："我不是什么导师、思想家，我也没有那么伟大，我只是恩格斯而已。"

还有一些孩子以赞美他人为乐，不管是谁他都赞美一通，大事小事滔滔不绝，开始大家还以为他人好，总能看到别人的优点，后来发现他的赞美里面水分太多，根本没什么质量，就不会再拿他的赞美当回事了。

对于这一点，父母就应当告诉孩子：赞美又不是写作文，不用虚构和夸张。赞美也应该和做人一样，力求真实，而不应该矫揉造作。恰如其分地赞美能起到鼓励他人的作用，但如果随意夸大，把对方的七分成绩说成十分，把对方本来很朴素的想法拔高到理想化的境界，反倒会起到相反的作用。最有质量的赞美应该是最朴素的、有所保留的，有涵养的人都喜欢自然朴实的赞美，而讨厌过分溢美之词。

赞美的方法和技巧有很多，但原则只有一个：恰如其分、恰到好处。所以在赞美他人时要谨慎，注意把握好度，特别是自己的措辞，尤其要注意以下几条原则。

1. 无足轻重的事情不要赞美

别人的优点和成绩值得赞美，但那些无足轻重的事情就不要赞美了。比如，向朋友介绍自己的同学有体育特长，只需说他"体育很棒，跑步很快"，但像"他很喜欢喝饮料，一瓶饮料能一口气喝完"这种和体育无关的事情就不要强调了。

2. 赞美不可含沙射影

在赞美别人的时候一定要真心诚意，如果心里还有对别人的不服气或对别人的成绩酸溜溜的心态，不如不去赞美。

比如你说："太好了，在失败了无数次之后，你终于成功了一回。"这样的话让对方听起来可不像是赞美，倒像是在嘲讽，难免会引起对方的反击。所以如果真要赞美，就放下成见，用宽广的心胸去赞美，如果做不到，不如沉默。

3. 赞美别人不要有居高临下的口气

既然是赞美，就要充分肯定对方的成绩，不要嘴上赞美，心里还抱有成见和怀疑，不相信对方能取得这样的成绩。比如你说："不错，不过我真没想到你能做成这件事，不过是瞎猫碰到死耗子罢了。"或是："小子，还行，球打得不错，有空咱俩切磋一下。"这样的赞美，不但不会使对方因此而心生愉悦，说不定还会引来一场争执。

4. 赞美可以与批评相结合

一个虚心的、内心强大的人不仅能接受别人的赞美，也能接受别人的批评。一个人在取得成绩的过程中，一定也会存在一些错误和缺憾。在赞美他人的时候，没必要对对方的缺点视而不见，只要掌握好说话的分寸，也能让别人像接受赞美一样，愉快地接受你的批评。

对于这一点，父母不妨给孩子做出榜样："这次考试考得很不错，成绩远比妈妈估计的要好得多，看得出你用了心了，但如果能把字写得更漂亮一些，卷面更干净一点，那就更完美了，妈妈相信你能做到。"

合理运用"锦上添花"与"雪中送炭"

我们很难说锦上添花式的赞美和雪中送炭式的赞美哪一种更有价值，但是我们可以肯定，会在合适的时机送上不同赞美的孩子一定会因此拥有更多的朋友和更好的人际关系。

小雨有个同学叫小俊，小俊各方面都很一般，平时沉默寡言，和他玩耍的同学不多，老师们似乎也有些忽略他，课堂上很少提问他。就是这样一位老实的同学，今天却和另外两个同学起了冲突，打了一架。原来有两个同学讥笑他"迟钝、笨蛋"，他气不过，因此和同学动了手。

打架的后果是三个人都受到了老师的批评，并要写检查。小雨看到小俊情绪很低落，就走到他身边。他瞟了一眼小俊的检查说："你的字很棒啊。"

小俊落寞地说："别安慰我了，我的字哪里棒？"

"你不知道吗？同学们私底下都夸你字写得好，只是你不知道罢了。"

"是吗?"小俊抬起头问。

"当然,从你写的字就可以看出来,你做事情是很认真的,只要持之以恒,你肯定能在某方面很优秀的。说不定你将来能成为一名大书法家呢!到时可别忘了我是你的仰慕者啊。"

小俊听到这里,忍不住笑了起来。

生活中,"锦上添花"者多,"雪中送炭"者少,因为趋利避害是人的本能,这本无可厚非。那么,在赞美他人的时候,孩子是应该"锦上添花",还是更应该"雪中送炭"呢?

要回答这些问题,做家长的就要让孩子首先弄清楚锦上添花和雪中送炭各是什么意思,有什么区别。

锦上添花,说的就是"好上加好,美上添美"。也就是说,某些人的生活已经很好了,即便你不给他"添"那朵"花",他们的生活也会依然很好;而"雪中送炭"是指在别人急需时给予物质上或精神上的帮助、鼓励。也就是说他们的生活遇到了困难,急需他人的鼓励和帮助,否则他们很有可能走不出困境。

我们已经知道赞美能带给他人无穷的力量,它就像是一份特殊的帮助和鼓励,就像是锦上添花者的那朵"花",是雪中送炭者的那块"炭"。很明显,那些遇到困境的人更需要孩子的赞美,所以,我们就应该要求孩子:"为那些遇到困境的人送上你最真诚的赞美,你的赞美就像是他们的'救命稻草',可以给他们无穷的力量,带他们走出逆境!这时候,他们会对你感激万分,视你为他们最好的朋友!你的好口才,在这个时候发挥

魔法六
赞美,打开他人心房的金钥匙

了巨大的作用！"

那么，孩子是否就因此可以忽视那些处于顺境中的朋友呢？当然不能。口才好的人能制造源源不断的赞美，不但输送给那些困境中的朋友，也不会吝啬送给那些顺境中的朋友。会说话的人能让人感到更愉快。那么，会赞美的孩子能使顺境中的朋友更快乐。

我们很难说锦上添花式的赞美和雪中送炭式的赞美哪一种更有价值，但是我们可以肯定，会在合适的时机送上不同赞美的孩子一定会因此拥有更多的朋友和更好的人际关系。

如果真到了那个时候，家长一定要对自己的孩子竖起大拇指："孩子，你的口才真棒！"

那么，孩子该如何合理地运用这两种赞美呢？可以看看下面这两种方法。

1. 给更需要鼓励的朋友送上"雪中送炭"式的赞美

生活中，孩子总是会把更多的目光投向那些更优秀的、更成功的人，他们的光环是那么耀眼、引人注意。但同时，孩子身边的某些人正遭受着失败的打击、挫折的折磨，或者种种的不如意、不快乐，他们更需要孩子的关怀和鼓励。

例如，你身边的某个同学相貌平平，家境普通，学习成绩不佳，他看不到自己的优点，天天在自卑的情绪中挣扎。那么，你不妨给他真心诚意的赞美："有的人的优秀显而易见，但你心地善良、为人正直、待人真诚，这些优秀的品质更有价值。不要总是和他人比，你有你的优秀之处。"这个时候，孩子的赞美能够化解他内心的悲观绝望，驱走他内心的黑暗，给他快乐生活的动力。

2. 给生活得意的朋友送上"锦上添花"式的赞美

那些生活得意的人的身边总是围绕着很多朋友，多你一个不多，少你一个不少，但他们也是你生活中不可缺少的伙伴，给他们送上赞美也是理所应当的。就像你的好朋友在数学竞赛中取得了优异的成绩，大宴宾客庆祝，你也为他感到高兴，并为他送上你由衷的赞美："太棒了，未来的陈景润，我真替你高兴。"这样的赞美能让他感到更愉快，也能使你们的友情更稳固。

当孩子用自己的赞美给他人的生活增添了活力和动力的时候，他们对自己的口才能力就会越来越自信了。

自我赞美保持在"自爱"的度

赞美能带给人无穷的力量，不管是赞美他人还是赞美自己，赞美都有这种力量。自我赞美并不会使孩子滋生骄傲的情绪，但过度的、不正确的自我赞美会使自己产生骄傲的情绪。

小凡上小学五年级了，他的语文成绩特别好，尤其是作文写得不错，经常被老师当作范文念给同学们听。每当他的作文被老师夸奖的时候，他总是不由自主地在日记里写道："今天老师又夸我的作文写得好，我也觉得自己写得不错，赞一个！"

当他在其他方面取得成绩时，他也在心里赞美自己："小凡，不错啊，加油！"

当然，他也有不开心、不自信的时候，比如他的性格不够开朗，有时不够落落大方，这个时候，他也不忘在心里用赞美给自己鼓励："我觉得自己总体来说还是很不错的，别没自信！"

终于，他在自己的特长方面取得了更大的成绩：他参加市里的作文大赛，获得了二等奖。他拿着证书给爸爸妈妈看，掩饰不住内心的喜悦："看看，妈妈，我多棒！一颗'作家小星星'冉冉升起了！"

妈妈却严肃地对他说："什么你多棒，你棒不棒应该由你评价吗？'作家小星星'？自己夸自己，你好意思吗？"

小凡愣住了，他第一次面对这个问题：自己夸自己，不可以吗？

自己夸自己，不可以吗？按照我国的传统来说，做人应该谦虚，怎么可以自己夸自己呢？有的孩子可能会说："自己夸自己，可信度太低。""自己夸自己，那也太肉麻了吧。"

总之，大部分的孩子和小凡妈妈的观点一样：自己赞美自己，会滋长自己骄傲的情绪，令自己不进则退，是万万不可的。并且，口才好的人肯定不会赞美自己的。

但是看看故事中的小凡，他自己赞美自己，让自己退步了吗？正相反，他对自己的赞美成了自己前进的动力，带给自己正面的能量，鼓舞自己取得了更大的成就。可见，自我赞美会令自己退步并不是个绝对的命题。

赞美能带给人无穷的力量，不管是赞美他人还是赞美自己，赞美都有这种力量。自我赞美并不会使孩子滋生骄傲的情绪，但过度的、不正确的自我赞美会使自己产生骄傲的情绪。不光是自我赞美，就是对他人过度的赞美也会令他人产生骄傲的情绪，所以，赞美本身并无错，关键在于孩子对待赞美的态度。

那么，为什么有些孩子和父母会认为自我赞美可信度太低？那是因为很多人担心自己赞美自己不够客观公正，所以，在进行自我赞美的时候必须正确、适度，符合客观事实。至于"肉麻"一说，则是因为"自我赞美"显得有些"自恋"，其实，"自恋"有个近义词叫作"自爱"，如果能把"自我赞美"保持在"自爱"的度，那么，自己爱自己有何不可呢？

综上所述，"自我赞美"当然可以，问题是怎样进行正确的"自我赞美"。

1. "自我赞美"可以，但不能"自我膨胀"

自我赞美为什么不受人推崇？很重要的一个原因就是自己往往不能客观地看待自己，所以说出来的话会有失偏颇。例如故事中的小凡如果这么赞美自己："我太厉害了，还这么小就取得了这么大的成绩，我很快就要成为韩寒第二了，不，我很快就能超越韩寒！"

如果孩子这么赞美自己，那只会让别人对他嗤之以鼻。所以，孩子若想让自我赞美对自己起到好的作用，并让别人接受自己的自我赞美，必须对自己有一个正确的认知，不自负、不自卑，自我赞美的同时不忘提醒自己不过如此，那么"自我赞美"才能让人信服，听起来舒服。

2. 自我赞美的同时不能贬低别人

即便是赞美他人的时候,我们也很容易把两个人放在一块儿对比,以此来凸显对另一个人的赞美,例如:"你的字比谁谁谁写得好多了。""你比某某某进步得快多了。"这样的赞美很省事,不用想其他的形容词,也满足了被赞美者的心理:"哈哈,我把别人比下去了!"但殊不知,被比较的那个人会很不舒服,即便是第三方听到这样的对比也会不太舒服。

在自我赞美的时候,孩子更容易犯这样的错误,例如:"我对电脑太精通了,哪像你,是个电脑白痴!""我这件衣服漂亮吧,穿上以后绝对比你这土包子时尚多了。"赞美你自己是你的权利,但以贬低别人来赞美自己就太不善良、太不厚道了,只会让别人觉得你自恋、自负、不会说话,从此远离你。这就是你为你的"烂口才"付出的代价。

别把"拍马屁"当作赞美

赞美是由衷地欣赏对方,是发自内心的真情表达,能带给人正面的能量,一般不求对方的回报,并能催生良好的人际关系。因此,赞美者的形象是正面的、受人推崇的。

彬彬的学校为了提高他们的作文水平,请了一位作家张老师给他们上一节作文课。听了这节作文课,彬彬觉得受益匪浅。

毕竟是作家，讲得深入浅出、生动有趣，比起自己老师的水平还是高出一大截。

下课的时候，彬彬和同学们围在作家张老师和他们的语文老师李老师身边，叽叽喳喳地问问题。这时，语文老师突然问同学们："你们觉得我讲得好，还是张老师讲得好？"

同学们都不出声了，没有一个人回答这个问题。老师让彬彬回答，彬彬看了看张老师，又看了看李老师，说："嗯……张老师没有您讲得好。"

张老师和李老师互相对看了一眼，微微笑了笑。张老师又问另一个同学："你说，我和李老师两个人的课谁讲得好？"

那个同学不好意思地说："你们讲的都好，但李老师讲得更好一些！"

张老师看看李老师，意味深长地说："看来，你的学生都很会说话啊！"

作家老师和自己的老师谁讲得更好，彬彬和他的同学心里其实都跟明镜一样，那为什么他们要不顾客观事实说假话呢？因为，作家老师马上就要走了，而自己的老师还要继续给他们上课，和自己朝夕相处。也就是说，他们"用"得着老师的时候还多，所以，他们不能在言语上得罪老师。

不顾客观实际，虚伪奉承、讨好别人，这就是所谓的"拍马屁"。为什么这种虚假的言行会存在呢？是因为人们为了达到自己的某种目的，不得不违背自己的内心说出一些违背事实的话。

魔法六
赞美，打开他人心房的金钥匙

这种本来属于大人世界的"漂亮话",有些孩子已经会灵活运用了。会拍马屁的孩子和会贫嘴的孩子一样,都有自己的过人之处。因为"马屁"要拍得好,要拍到对方的心里,拍得令对方舒服,也不是一件容易的事。所以,会拍马屁的孩子总是给大家一种"会说话"的假象。

那么,会拍马屁的孩子真的是"会说话"、"口才好"吗?要回答这个问题,我们就得来看看拍马屁和赞美的区别。赞美是由衷地欣赏对方,是发自内心的真情表达,能带给人正面的能量,一般不求对方的回报,并能催生良好的人际关系。因此,赞美者的形象是正面的、受人推崇的。

而拍马屁者说的话初听起来也会让人觉得很愉悦,但它却是为了达到某种目的而刻意为之的。他们往往夸大其词、凭空捏造、心口不一,甚至口蜜腹剑,以此算计对方。

可见,"拍马屁"不是赞美,它和赞美有着天壤之别。"拍马屁"不仅不是好口才的体现,反而是令人反感、唾弃的言行。因此,孩子若不慎学会了拍马屁,好口才就要和他分道扬镳了。既然如此,父母和孩子就要从以下几个方面避免"拍马屁"这样的言行出现。

1. 说符合事实的赞美可避免"拍马屁"

赞美别人是有一说一,有二说二,有什么优点就赞美什么,有多大的优点就赞美到多高的高度。例如夸奖同学的画画得好,可以这样赞美:"画得不错,比我画的好多了。"如果你这样说:"你画得太棒了!犹如凡·高再世!"这样的赞美,只会让对方回你一句:"拍马屁!"

不管是赞美的内容还是赞美的程度都要符合事实，只要不偏离这个原则，赞美就不会滑向"拍马屁"。

2. 说不图回报的赞美可避免"拍马屁"

赞美是真心诚意的，不是为了得到某种回报。虽然孩子有时因为赞美他人得到了某些回报，但那不是自己刻意要求的，更不是用"赞美他人"交换的。若为了某种目的赞美他人，就会不自觉地拔高赞美的高度，编造赞美的内容，那你的赞美就会变成"拍马屁"了。

例如赞美老师课讲得好，父母不妨引导孩子这样说："老师，您的课讲得真好，我都听懂了。"

这样简单朴实的赞美一定会让老师更努力地工作，孩子也会从中受益。但是，如果为了和老师套近乎，这么赞美老师："老师，您的课讲得真好，是咱们学校里面所有的老师中讲得最好的。"这样的赞美，老师会相信吗？他会想：学校这么多老师，你都听过他们讲课吗？孩子非但没有因此和老师的距离更近，反而给老师留下不好的印象。

魔法七
道歉，说"对不起"化干戈为玉帛

我们与各式各样的人接触，难免会有出现失误和疏漏的时候，也难免有伤害了别人或得罪了别人的时候，因此，人人都需要学会说道歉的话。诚挚的道歉不但可以弥补破裂了的关系，而且还可以促进彼此心理上的沟通，增进感情，使双方的关系变得更为牢固。

发现错了，及时道歉

不管是害羞还是害怕，或是不想担责任，都不能成为你拖延说出"我错了"的借口和理由。拖得越久，对方对你的不满就会越来越多。

潇潇和小云一起在潇潇的家里搭积木，到了吃晚饭的时间，小云就回家了。

小云走后，潇潇把积木一块块装进盒子里，装到最后发现少了一块积木。桌子底下、沙发下面，整个客厅都找遍了，还是不见那块积木，潇潇立刻想到一定是小云拿走了那块积木，于是她马上跑到小云家，让小云把她的积木还给她。

小云一听气坏了，大声说："我没拿你的积木。"

"就是你拿的，除了你还有谁？小偷！"潇潇毫不客气地说。

"你……"小云气得哭了。

潇潇气鼓鼓地回到了家里，一看，桌子上放着一块积木，原来妈妈刚才打扫卫生时,在垃圾桶下面发现了这块积木。

潇潇这下傻眼了,原来自己错怪小云了,她立即又跑到小云家里,对小云说:"对不起,我错了,我错怪你了,积木不是你拿的,我已经找到积木了,你原谅我吧。"

小云眼泪还没干,没好气地说:"不原谅你,你骂我是小偷,我以后都不跟你玩了。"

看完这个故事,孩子也许会纳闷:潇潇做得很好,发现自己错了,及时道歉,但为什么小云不接受她的道歉呢?

答案很简单:小云在气头上。

道歉应该及时,这当然是毋庸置疑的,但"及时"这个词究竟该如何解读?孩子会说,及时就是马上、立即,及时就是"第一时间";还有的孩子会说,及时应该是在最恰当的时机吧?

孩子的答案对吗?我们来分析一下。

当孩子犯了错误的时候,受到伤害的一方当然希望孩子能立刻向他说:"对不起,我错了。"但孩子是否就应该这么做?孩子能马上确定就是自己错了吗?如果是自己错了,错全在自己吗?在现在这个时间和场合适合道歉吗?这些都没有弄清楚,贸然认错会不会显得不够谨慎?这些若没有弄清楚,该如何措辞、怎样道歉?

当然,如果这一切都弄明白了,那孩子就不能犹豫了。不管是害羞还是害怕,或是不想担责任,都不能成为孩子拖延说出"我错了"的借口和理由。拖得越久,对方对你的不满就会越来越多,等你终于鼓起勇气向对方说"我错了",对方也许不会再原谅你了。

有的孩子拖着拖着自己就忘了这件事了，或者觉得："反正都这么久了，我没道歉他也没把我怎么着，就让这事过去吧，我不用道歉了。"但对方可比你记性好，心胸可没你这么"豁达"，毕竟受到伤害的是他，他会把对你的"怨恨"积压在心里，没准儿哪一天就会爆发。

所以，及时说出"我错了"非常重要，及时与否，效果将大相径庭。说到这里，孩子对"及时"的解读是对是错，答案已经显而易见了。其实，孩子的答案都对，"及时"道歉，正是要具体情况具体分析。

1. 如果马上就确定是自己错了，孩子要立即说出"我错了"

有些错误，孩子在发生后就立刻意识到是自己错了，和别人无关，确确实实是自己错了，找不到一点为自己开脱的理由，那么，就不能有丝毫犹豫，立即向对方道歉："我错了。"不管对方能不能马上原谅自己，首先自己要拿出最有诚意的态度。

2. 要让孩子弄清楚事情的真相和始末，再说出"我错了"也不迟

有些事情会比较复杂，牵扯到几个人，一时间自己也弄不清楚谁对谁错，或者知道自己有错，但错大错小尚不能确定，这个时候不妨多等一会儿，不要随便就认错，把不属于自己的责任也担下来。要等事情水落石出，弄清楚自己错在哪里，想想自己该怎么道歉、怎么补救，这时再说"我错了"也不迟。

3. 要让孩子等合适的时机再说出"我错了"

就像故事中的潇潇那样：我及时道歉了，但对方不接受，

仍然怒气冲冲。这是因为"及时"还有另一个意思：合适的时机。这个"时机"包括两个方面：

第一，等对方气消了的时候。摩擦、冲突刚发生的时候，双方都在气头上，即便你马上道歉，你能保证自己的口气一定就很好吗？尤其是对方，你能保证他能马上心平气和地接受你的道歉吗？如果都不能保证，何不等一等？等对方气消了，自己也把道歉的语言好好组织一下再道歉，效果一定更好。

如果潇潇能等一等，过上一两天，等小云心情好些了，再次向她道歉，小云很可能就原谅她了。"好钢用在刀刃上"，好的口才也要用在最恰当的时候。

第二，等没有他人在场的时候。某些时候，当你向对方说"我错了"的时候，对方不会马上原谅你，并不是他的内心不接受你的道歉，而是因为有别人在场。他若这么轻易地原谅你，会让他面子上过不去：我是不是太好说话了？我是不是太好欺负了？为了不给别人造成这样的印象，他宁可先不接受你的道歉。这个时候你不妨另找时间，只有你俩在场的时候，再真心诚意地道歉，他肯定就会给你"台阶"下了。

有的孩子会说，你一会儿说道歉要马上，一会儿又说道歉要等到合适的时机，我究竟该怎么做？其实，这些道理和方法都并非"金科玉律"，孩子只要把握一条原则：何时道歉才能让对方更容易接受、更能解决问题，那就什么时候道歉。这才是真正的"及时"道歉。

真心实意地说"对不起"

真诚的语言才能打动人,你的道歉若没有足够的诚意,就不能解决问题,就不能化解矛盾与冲突。

过春节了,小婕和爸爸一起放鞭炮。突然不远处一声巨响,把她吓了一跳,手里攥着的烟花不小心碰到了爸爸的胳膊,爸爸羽绒服的袖子立刻被烧了一个洞。

这可是爸爸新买的羽绒服,爸爸假装生气地责备小婕:"你看看,把爸爸的新衣服烧了个洞。"

小婕看了一眼,说:"对不起,爸爸,不过你也不能怪我,我又不是故意的。"

在一旁的妈妈看到了,把小婕拉到一边说:"不管是不是故意的,既然错了,就要真心诚意地道歉。你这样看似道歉,实际上是在为自己狡辩。这样的道歉方式除了爸爸妈妈能包容,别人可不会接受!"

妈妈正说着话,一边放鞭炮的爸爸点着了一个爆竹,连连往后退,突然碰到了小婕,小婕一屁股坐到了地上。爸爸没有扶她,只是淡淡地对她说:"对不起,小婕,爸爸不是故意的。"

小婕哭着说:"你把我都撞疼了,还说不是故意的,气人!"

这时,爸爸蹲了下来,帮小婕揉屁股,和气地说:"对不起，小婕，把你撞疼了，爸爸替你揉揉，都怪爸爸走路太不小心了，你原谅爸爸好吗？"

小婕听爸爸这么说，心里好受了不少。

旁边的妈妈开口了："小婕，你刚才把爸爸的衣服烧了个洞，现在知道该怎么道歉了吗？"

小婕对爸爸说："爸爸，对不起，我不小心把你的衣服烧坏了，用我的压岁钱再给你买一件吧。"

爸爸高兴地说："小婕，今天，你不仅学会了道歉，而且知道了去弥补错误，这可比给爸爸买10件衣服更让爸爸高兴！"

如果问孩子什么是道歉，我们得到的答案十有八九是："就是说'对不起'嘛。"诚然，道歉当然要说对不起，但用什么样的态度说对不起？是像故事中的小婕那样一边说着对不起，一边还为自己辩解"我不是故意的！"还是像小婕的爸爸那样陈述自己犯错的原因并请求对方的原谅；是随便说声"对不起"就算了，还是用自己的实际行动去弥补错误？

答案自然不言而喻。但是，为什么很多孩子做不到这样诚意地道歉呢？原因有二：第一，说"对不起"容易，真心诚意地承认自己"错了"却不容易。说"对不起"只不过是他们蒙混过关、敷衍了事的借口，实际上，他们根本没意识到自己哪里错了。第二，说声"对不起"不过是一句话的事，对一些脸皮厚的孩子来说更像吃饭、穿衣一样平常，但让他们为此承担责任却需要花费时间、精力甚至钱财，不但麻烦，而且超出了他们的能力范围，因此就想以一声"对不起"草草收场。

殊不知，因为你的错误遭受了"恶果"的人正在难受，他们怎会因为你轻飘飘的三个字就轻易地放过你？所以，你的道歉若没有足够的诚意，就不能解决问题，就不能化解矛盾与冲突。

我们一再强调"真诚的语言才能打动人"，无论是赞美或是交谈，都是如此，道歉亦不例外。这是口才好的人始终应该铭记的真理。

既然如此，孩子就有必要学一学怎么样才是最诚恳的道歉。

1. 孩子要大大方方地承认错误

孩子犯了错，不仅别人要为他们的错误承担后果，其实他们自己心里也不好受，最担心的就是父母的责骂，所以，他们就在说"对不起"的同时为自己找到诸多借口，希望能少担责任或不承担责任。他们的借口通常是："我不是故意的。""事情是我干的，但主意是别人出的。""我是错了，但你也有错。""对不起，把你的饭碰洒了，谁让你走在路中间呢。"总之，他们就是"常有理"。

这样不情不愿、不彻底的道歉不但于事无补，还会让对方的火更大，所以，既然"对不起"已经说了，索性就把"面子"也扔了，勇敢地、大大方方地承认错误："对不起，即便主意不是我出的，但事情是我做的，请您原谅我，我愿意为此承担后果。"话是差不多，但换几个词，诚意立刻就有了。所以，诚意的话也需要好口才的帮助。

当对方看到了你的诚意，多半也会以诚意来回报你，不会再苦苦相逼和纠缠。当然，这时候的父母更应该拿出正确的态度：不要再揪住孩子的错误横加指责，对孩子的"有诚意的道歉"要加以表扬和鼓励,并帮他做好善后工作。

2. 孩子要真心诚意地去弥补错误

有诚意的道歉当然不只是停留在口头上,更在于用行动去弥补错误。有些孩子道歉时的确挺有诚意,信誓旦旦地要承担后果,但却说完就忘了。如果总是"说到做不到"、"言大于行",别人就会说你"要耍嘴皮子,卖弄口才而已,根本就没有诚意",你不仅因此人品被打了折扣,口才也遭到了质疑。

所以,为了取得他人的信任,挽回自己的声誉,孩子必须立刻付出行动去弥补错误:把别人的碗打碎了,赶快去买一个给人家。当对方看到你是个"言行如一"的人时,对你的印象立刻就会改观:不仅话说得漂亮,表达能力好,还能说到做到,是个可交的人。

错了就要承担责任

错了就要承担责任,这是不需要讨论的。要让孩子在做了错事时,从口头上和行为上都要勇于承担责任,以此得到对方的原谅。

娟娟到小朋友丽丽家玩,看到丽丽有一个漂亮的小灯。这个灯的特别之处在于它的灯罩:一按这个灯罩,灯光就从灯罩的空隙洒出来射到墙上,形成月亮和星星的图案。娟娟觉得很好玩,她一遍一遍地按着灯罩,看着照射到墙上的灯光。可能是按的力气太大,这个小灯突然倒了,灯罩掉到了地上,坏了。

丽丽看到自己漂亮的月亮灯现在只剩下光秃秃的一个小灯泡,忍不住埋怨起娟娟来:"你看你,按那么多次干吗?摔坏了吧。"

娟娟却说:"哎呀,不能完全怨我吧,都是因为你这个灯罩太不经摔了,看来质量不怎么样。"

丽丽有点儿生气地说:"这种小灯本来就是用来观赏的,又不是玩具,哪能经得起你这么折腾。"

"那我只能说声对不起了,再见。"说完,娟娟回家了。

第二天,娟娟和妈妈走在小区里碰到了丽丽,娟娟和丽丽打招呼,丽丽竟然不理她。妈妈纳闷儿地问娟娟:"你们俩不是玩得挺好吗?丽丽怎么不理你了?"

"肯定是因为昨天我打坏了她的月亮灯,她生气了。"娟娟说。

妈妈连忙问她:"那你有没有道歉呢?"

"当然有了,我向她说了对不起了。"

"光说对不起,有没有说要承担责任呢?"妈妈追问道。

"承担责任?怎么承担责任?"娟娟问。

"傻孩子,道歉光说对不起可是不够的。错了就要承担责任,这样才能得到对方的原谅。走,咱们去商场,再给丽丽买一个月亮灯。"

错了就要承担责任,这是不需要讨论的,但有的孩子却总想逃避责任,他们在做错了事情后总是强词夺理:"对不起,我可没有推你,是后面的人推我,你去找他吧。"有的则会闪烁其词:"我……不,我没参与。我……我就是后来帮他们拿东西而已。"甚至用行为来遮掩错误、欲盖弥彰。孩子的这种言行其实不难理解,因为保护自己、逃避责罚是人的本能。

但这种本能损害了他人的利益、助长了孩子的错误心理时,就不能不引起父母的重视,因为一个没有责任感的孩子很难赢得他人的信赖和尊重,对他的成长也没有好处。

这种于己于人都不利的事情,父母一定要想办法纠正:让孩子在做了错事时,从口头上和行为上都要勇于承担责任,以此得到对方的原谅。父母可以从以下几方面协助孩子。

1. 先从语言上表示"我要承担责任"

孩子在做错了事情之后,光说"对不起,我错了"是远远不够的。这除了让对方在情绪上稍微好过一点儿之外,并没有真正弥补他的损失。例如,你说:"你的游戏机被我玩坏了,真是对不起。"对方心里肯定会这么想:"光说对不起就行了吗?难道不打算把它修好吗?"

所以,这样的道歉方式往往不能令对方满意,还会让对方认为你说说就算完事,根本不想为此承担责任。因此,我们要让孩子先从语言上肯定地表示要承担责任:"对不起,我弄坏了你的游戏机,我拿去修,如果修不好,我再买一个新的给你。"

所以,孩子在说话、道歉时要善于揣摩对方的心理,说出的话要让对方舒心、放心,这才是好的口才。

2. 要从行为上去承担责任

孩子说了要承担责任之后,就不要把说过的话"束之高阁"、抛在脑后,这会让别人对你产生"信任危机",把你等同于一个喜欢"赖账"的"无赖",所以,立刻行动起来,马上把游戏机拿去修,并给对方打个电话:"游戏机已经拿去修了,请稍等两天。"这会让对方觉得你真是个值得信任的人。

等修好了或者买到新的了,父母还要让孩子马上拿去给对方,并附上歉意的话语:"对不起,耽误你玩游戏机了。"这样,不但没让孩子的形象受到丝毫损失,反倒让对方觉得孩子是一个会说话、口才好,同时又勇于承担责任的"靠谱少年"。

表达歉意要恰如其分

只有使用得体的语言才更能让对方接受,这是我们早就讨论过的观点。所以,恰如其分地表达自己的歉意,好口才才能真正地发挥作用。

> 睿睿到小区里玩,看到邻居成成在骑一辆漂亮的自行车非常羡慕,于是走过去说:"成成,能让我骑骑吗?"
> "不行!"成成答道。毕竟,他刚买的自行车也很宝贝。
> "就骑一圈儿还不行吗?"
> "不行!"
> 睿睿生气了,他朝着成成嘟囔道:"小气、自私、抠门!有什么了不起,不就是一辆破自行车嘛。"

"你骂谁的自行车破?就这'破'自行车,你还没有呢?"

"我是没有,就这破自行车我不稀罕。"说着,睿睿朝着成成的自行车狠狠踹了一脚,自行车倒在了地上。这一脚踹的力度可不小,链条掉了,连齿轮盘都快掉下来了。

睿睿一看闯祸了,飞也似的跑回了家。妈妈看着他气喘吁吁的样子,问他怎么了。睿睿倒是没隐瞒,把事情告诉了妈妈。妈妈说:"这件事肯定是你的错,必须道歉。"睿睿想了想说:"那我打个电话道歉吧。"

妈妈说:"你打电话试试看。"

睿睿拨通了成成家的电话,刚说了"对不起"三个字,就被成成打断了:"对不起?对不起有用吗?我新买的自行车就被你踹坏了,现在还要去修,妈妈刚才都批评我了。"说完就把电话挂了。

妈妈看到他放下了电话,问他:"怎么样?成成是不是不接受你的道歉?"

睿睿点了点头。妈妈说:"等明天成成情绪好点了,我带你到他家里当面向他道歉。"

第二天,睿睿的妈妈带着睿睿来到成成家里,睿睿再次向成成道歉,睿睿的妈妈也向成成的妈妈道了歉,并表示修自行车的钱由他们来出。成成在妈妈的劝说下,又看到睿睿这么有诚意,便原谅了睿睿。

为什么在睿睿第一次打电话道歉时,成成没有接受他的道歉?原因之一就是成成在气头上。还有一个更重要的原因就是:

睿睿把成成的自行车踹坏了，这件事的严重性并不是一句"对不起"就能解决的。

所以，第二天睿睿和妈妈一起登门道歉，成成就接受了他的道歉，这是因为妈妈采取的道歉方式更正式、更有诚意，而且主动承担责任，充分表达了自己对这件事的重视程度。也就是说，妈妈采取的道歉方式更恰如其分。

恰如其分地表达歉意是道歉的一个基本要素。我们一起来探讨如何恰如其分地道歉。

1. 道歉的话要恰如其分

首先，道歉的话要恰如其分。即使是书面道歉，也需要好的文字表达。有的孩子在道歉时也是抱着很有诚意的态度，但话一出口就令人讨厌。例如为了讨好对方，过分地贬低自己："你这么聪明，哪像我这个笨蛋，会犯这么低级的错误。"或"我真不是个东西，你就不要跟我计较了。"把自己说得一无是处，只会让对方看不起你，对你产生厌恶的情绪，也不见得因此就能原谅你。

只有使用得体的语言才更能让对方接受，这是我们早就讨论过的观点。所以，恰如其分地表达自己的歉意，好口才才能真正地发挥作用。

2. 道歉的方法要恰如其分

就如故事里的睿睿妈采取的方法一样，要看事情的轻重来采取恰当的方式道歉。如果给对方造成了很大的伤害或更糟糕的后果，光说一句"对不起"或打一个电话致歉是解决不了问题的，一定要采取更正式的、更有行动性的方式来道歉。

魔法七　道歉，说"对不起"化干戈为玉帛

此外,还要看对象来道歉。如果对方是一个很难"说话"的人,恐怕你光说"对不起"也是不行的。这时候,难免要送点儿礼物,给对方点儿"好处",才能让对方原谅你。

3. 道歉的态度要恰如其分

恰如其分的态度就是不卑不亢。孩子即使犯了错,在人格上和对方依然是平等的,道歉不代表连自己的自尊都踩在脚下。没必要过分地诚惶诚恐、奴颜婢膝,这样未必就能得到对方的尊重和原谅。

总之,道歉的态度要大大方方、堂堂正正、不卑不亢,把该说的都说到、该做的都做到。只要你做到这一点,那么对方必然会被你的口才所折服,从而接受你的歉意。

毫不吝啬地说出"对不起"

让孩子明白"对不起"都有什么样的作用,能给自己和他人带来什么样的好处,那么他在提升口才之路上少不了说"对不起"。

一架飞机马上就要起飞了,有位乘客请空姐给他倒杯水,他需要按时吃药。空姐很有礼貌地说:"先生,为了您和其他乘客的安全,请稍等片刻,等飞机进入平稳飞行状态后,我会10分钟内把水给您送过来,好吗?"乘客答应了。

过了一阵，这位空姐正在忙碌，突然，乘客的服务铃急促地响起来，她突然想起来："糟了！时间过去早就不止10分钟了，飞机也已进入了平稳飞行状态，但我却忘记给那位乘客倒水了。"

她连忙来到客舱，果然是那位乘客按的服务铃，她小心翼翼地把水端给那位乘客，并面带微笑地说："先生，实在是对不起，刚才太忙碌了，没能及时给您送水，耽误了您的吃药时间，我感到非常抱歉。对不起，请您原谅我的疏忽！"

这位乘客非常生气地说："怎么回事，有这样服务的吗？说10分钟送水，现在都过了20多分钟了。"无论这位空姐怎么解释、怎么道歉，这位乘客始终怒气难消。

在接下来的飞行过程中，为了弥补自己的过失，这位空姐只要有机会，都会特意走到那位乘客面前，面带微笑地询问他是否需要服务。然而，这位乘客始终没有改变脸上严肃的表情。

飞机降落以后，机长把这位空姐叫过去，并把乘客留言本递给她，她知道她被那位乘客投诉了。然而留言本上的内容却令她非常意外，那位乘客写的不是投诉信，而是一封热情洋溢的表扬信。

空姐读着这封信，眼睛湿润了："虽然你的工作有一点儿失误，但你及时表现出了真诚的歉意，特别是你后来的殷勤服务和一次次的微笑深深地打动了我，使我觉得你是一位好员工，下一次我还愿意乘坐你们的飞机！"

是什么原因使这位挑剔的乘客由投诉转为表扬呢？正是这

位空姐无数次的"对不起"。孩子一定觉得:"这个姐姐可真难得,客人一次次地不原谅,但她仍然一次次地道歉。她竭尽全力用语言表现着自己的诚意,发挥着自己口才的作用,不仅从语言上道歉,还从行为上弥补。这么糟糕的事情她都能'扭转乾坤',可见'对不起'还是很有作用的。"

那么,孩子在生活中是否也能像这位姐姐一样,充分发挥"对不起"的作用呢?也许,大部分的孩子都会对此摇摇头,他们一定会说:"道理当然是明白的,但做到还是很难,我们可没有姐姐那么好的口才和气度。"

的确,"对不起"三个字对他们来说还是难以启齿的,就算说得出口,但如果不能立即得到对方的原谅,他们也没有耐心一次次地道歉。他们往往会泄气:"算了,我已经道歉了,爱原谅不原谅。"

糟糕的是,其他一些孩子连这样起码的悔意都没有,他们更喜欢为自己的错误狡辩:"这不是我干的!"

为什么孩子对待错误的态度会如此消极和被动?正是因为他们还没有体会过"对不起"给自己的生活带来的益处,因此不明白"对不起"的作用。如果他们能像那位空姐一样体会过"对不起"能让一件糟糕透顶的事情变得有利于自己,他们就会马上转变态度,毫不吝啬地说出"对不起"。

既然如此,我们要马上让孩子明白"对不起"都有什么样的作用,能给自己和他人带来什么样的好处,让他们在提升口才之路上不能少了会说"对不起"这一重要内容。

1. "对不起"能让孩子"化干戈为玉帛"

在教室里,孩子不小心踩了同学的鞋子,但并没有道歉,他心里这样想:"也不是多大的事儿。"而对方会想:"虽然踩得不是很脏,但你好歹说声'对不起',怎么这么没有礼貌!"于是,本来"对不起"三个字就可以解决的问题,就会演变成一场争执,甚至会大动干戈。

如果孩子的态度能转变一下,及时说出"对不起",那对方的反应就会是:"没关系,反正也没踩脏,你也不是故意的。"不过是三个字而已,立刻就能"化干戈为玉帛"。

即便是真的踩脏了对方的鞋子,在你一句真诚的"对不起"之后,对方也不会不依不饶,因为他要的就是你对他尊重的态度。

所以,一声真诚、轻柔的"对不起"并不显得我们卑微,而恰恰证明了我们自身的文明素质和对他人的尊重。

2. "对不起"之后会让孩子避免再次犯错

那些态度蛮横、不肯说"对不起"的孩子,多是没有认识到自己的错误,所以他们下次犯错的可能性还是很大。而真诚道歉的孩子则会从中汲取教训,努力不再犯错。为什么这么说?因为"认错"对任何人来说,都不是一件特别容易的事,他要拉下面子,组织语言,还要为此承担责任,这需要花费他的心思和时间,所以,为了避免再这样"劳心劳力",他一定会努力不再犯错。

用什么代替说不出口的道歉

做错了事情总要向人道歉，该用什么方式代替说不出口的道歉？①书面道歉；②用礼物来道歉；③默默地关怀；④让第三人替孩子说声道歉。

龙龙上三年级了，学习还不错，但是胆子小，性格也内向。

有一天，他忘记了写数学作业。他特别怕老师批评他，于是，在老师问他的时候他这么回答："因为昨天晚上爸爸让我练钢琴，所以没有时间做了。"

"是吗？那以后要安排好做作业和练钢琴的时间，今天把没做的作业做完，好吗？"老师说。

龙龙答应了。

谁知道爸爸却知道了这件事，龙龙放学回去后，爸爸问他："龙龙，昨天是不是没做数学作业？"

龙龙："我……"他想，爸爸怎么知道了这件事？

爸爸又问道："你还向老师撒谎，说因为爸爸让你练钢琴，所以耽误了写作业。忘记写作业首先就错了，还撒谎，错上加错！"爸爸提高了嗓门。

龙龙吓得一句话也不敢说。爸爸拿起电话递到龙龙手里："快，马上向老师道歉！"

"我,"龙龙胆怯地说,"我不知道怎么说。"

"那你明天到学校当面向老师道歉。"

"我不敢。"

"这也不行,那也不敢,你是不是不想道歉?"

"不,不是,我给老师写封信道歉吧。"龙龙说。

爸爸答应了,于是龙龙给老师写了一封道歉信:"老师,您好!对不起!今天特意向您认错。我忘记写作业,没有主动向您承认错误,还为此撒了谎,把责任推到了爸爸身上。这些都是不对的,以后我要避免再犯这些错误,有错及时承认,不能撒谎。请老师原谅我这一次。"

无论对谁来说,"认错"总是难以启齿的,因为这意味着自己要费尽心思地组织道歉的语言,要面对被对方责骂的难堪和不被对方原谅的尴尬。而对孩子来说,他们的语言表达能力、心理承受能力都还很有限,所以,让他们说"对不起"则更难。

尤其是有些孩子本就胆小害羞、口才不是很好,在正常的情况下说话都磕磕巴巴,何况是让他们在这种窘迫的情况下去展示他们本来就不太好的口才,这不是让他们在他人面前"出丑"吗?所以,让他们用语言向他人道歉,说"对不起",他们做不到。

但是做错了事情总要向人道歉,这是孩子逃避不了的。那么,有没有其他的方式可以代替说不出口的道歉?当然有,方法还不止一种。

1. 让孩子学会书面道歉

当自己的口才没那么好，不能发挥语言优势的时候，不妨用文字来代替说不出口的道歉，例如写一封信或一张小卡片，用文字表达自己的歉意，这样就可以避免当面道歉的尴尬、不好意思和表达不清。而且书面道歉显得更有诚意、更有分量。要记住，文字也是一种语言，有时候甚至比直接说出口的语言更能打动人心。

2. 用礼物来道歉

送给对方一份礼物，尤其是对方喜欢的礼物时，所产生的效果肯定比口头的道歉要好，这种细心体贴的道歉方式更容易冰释前嫌。例如把一件小礼物放在对方触手可及的地方，表明自己的悔意，此时，会起到"无声胜有声"的作用。

3. 用默默地关怀对方来代替说不出口的道歉

对一个人"好"也会弥补对一个人犯下的错。默默地在生活和学习中关怀对方，会感动对方，最终得到对方的谅解。例如"得罪"了同学，就给他削铅笔、收拾书包、帮他打扫卫生、买点小零食。虽然你什么也没说，他也知道你在用这种方式在向他道歉，也许过不了几天，同学就会"受不了"你对他的"好"："好了，原谅你了。"说不出口的道歉可以做出来，弥补口才的不足。

4. 让第三人替孩子说声道歉

自己说不出口，可以让别人代为转达自己的歉意。例如小智对一个同学说："小雪知道她错了，昨天她不该那么说你，她让我代她向你说声对不起，你原谅她吧。"如果对方能原谅小雪当然更好，如果不原谅，小雪也不至于太尴尬。

这些方法是在无法用语言道歉时不得已而为之，最好的道歉方法还应该是语言加行动。所以，孩子还是要苦练口才，有了好的口才，就有了一个强有力的工具，在生活中处处都能发挥有效的作用，道歉也就不会显得那么难了。

越是咄咄逼人，越不能得到原谅

任何事情都不是非要如何如何，钻"牛角尖"的人说出来的话只会让自己走进"死胡同"，这样的人和好口才可就无缘了。

彤彤和茉茉在院子里踢毽子，两个人你一下我一下，踢得非常开心，突然彤彤一使劲，毽子飞也似的飘了起来，挂在了树杈中。茉茉看着高高的毽子，大叫了起来："我的毽子，我的毽子。"

彤彤使劲晃那棵树，谁知那棵树纹丝不动，毽子还是牢牢地夹在树杈中。

茉茉一看毽子下不来了，对着彤彤大喊道："你赔我毽子，你赔我毽子。"一边说一边推着彤彤。

"哎呀，你推什么推。不就是一破毽子吗？买一个赔你不就是了。"彤彤不以为然地说。

茉茉一听这话，不再吭声了，转身走了。

第二天，彤彤果然买了一个漂亮的毽子来到茉茉家里，茉茉看到她竟然不理她。彤彤把毽子递给茉茉："对不起，别生气了，我赔你一个新毽子。"

茉茉还是不理她，彤彤这下也有点生气了："哎，我已经向你道歉了，毽子也赔给你了，你还要怎么样？"

茉茉依然不理她，彤彤更气了："你到底想怎么样？你怎么这么难说话？你的心胸也太狭窄了吧。为什么不能接受我的道歉呢？你这样以后谁还跟你一起玩儿？"

茉茉一听这话，气鼓鼓地站了起来，一把把彤彤推出了家门，关在了门外。

道歉的目的是什么？当然是为了得到对方的原谅，减轻自己的"犯罪感"，求得心理的安宁。但是，由于自己道歉的时机不对、语言和方式不够恰如其分等原因，道歉之后往往不能立即得到对方的谅解。

这个时候孩子应该怎么办？是自己冷静一下，反省一下自己道歉的语言和方法，等待时机再道歉？还是应该像故事中的彤彤那样质问对方："我已经道过歉了，你为什么不原谅我？"

然而，这是一个好口才的孩子该有的想法吗？这些孩子应该明白：有些人心胸没那么宽广，修养没那么好，脾气也有点儿大，就必须给他"拿拿架子"。你若步步紧逼、说话咄咄逼人，非要得到对方的原谅，会给对方造成这样的感觉：态度这么嚣张，到底谁犯错了？

所以说，道歉考验的就是孩子的说话方式。道歉虽然不至于奴颜婢膝，但态度强硬肯定是不可取的。任何事情都不是非要如何如何，钻"牛角尖"的人说出来的话只会让自己走进"死胡同"，这样的人和好口才可就无缘了。

那么，孩子怎么做才能有一个更加平和的心态来对待道歉的结果呢？不妨尝试做到以下几点。

1. 孩子要改变咄咄逼人的说话方式

面对咄咄逼人的"小口才家"，即便是一个心情好的人，也会被"噎"得说不出话来。何况是一个对你本来就有不满、情绪不佳的人。所以，孩子越咄咄逼人，对方就越反感、越不原谅你。就像故事中的彤彤那样，说是在道歉，还不如说是在数落对方。所以，父母就应该建议孩子改变咄咄逼人的说话方式，而变为谦卑的态度、温柔的语言，给对方思考的时间，默默等待对方的原谅。

2. 孩子在道歉时说到做到就好，不要强求他人原谅

孩子当然希望事情都能有好的效果，但是"凡事不随人愿"，他人和结果不由我们控制。我们只能保证自己说话办事尽心尽力，结果顺应自然。

在道歉时也应该有这样的心态，只要恰如其分地表达了自己的歉意，就不要再强求对方原谅了。如果自己已经弥补了错误，而对方还不能原谅，那错就不在你，而是对方有错了。

如果有些错误过于巨大，是自己无论怎样做都弥补不了的，那么就更没资格要求对方原谅了，只能在以后想办法一点一点化解对方心里的怨恨。

有时没犯错也可以道歉

在一些无足轻重的小事上纠缠谁对谁错没有一点意思，不如自己大方地"没错也道歉"，会让他人对你留下良好的印象：人真好、真会说话。

中午休息的时候，张博借了同学志强的自行车出去买东西。过了一会儿，张博回来了，但他的脸色非常难看，看到志强差点儿要哭出来。

志强连忙问他怎么了，张博吞吞吐吐地说："我……我把你的自行车弄丢了。"说完号啕大哭起来。

志强知道，张博弄丢了自己的自行车，面对的不仅是赔偿，还有他爸爸的"狂风暴雨"。因为张博的家境不是很好，他爸爸的脾气又非常暴戾，平时一点小事就对张博非打即骂，如果知道张博弄丢了他的自行车，还不知道会怎么"修理"他呢？所以张博此时的心情可想而知。

志强思索着：自己的父母比较开明和宽容，即便知道自行车是自己弄丢的，也不会对自己过分地指责和批评，更不会打自己。

想到这里，他对张博说："对不起，对不起，这都是我的错，因为我今天少锁了一把锁，平常我都是锁两把锁，今天偷懒少锁了一把，没想到老天爷就惩罚我的懒惰了。没事儿，这事和你无关。"

张博抬起泪眼看着志强，他有点儿不相信自己的耳朵："真的吗？"

"真的！今天回去我就向爸爸妈妈认错，你放心吧，他们一定会原谅我的。"

"只有犯了错才需要道歉吗？"看到这个问题，孩子会觉得不可思议：难道不犯错也需要道歉？但是看到故事中志强的所作所为，孩子确实有些糊涂了：没犯错也道歉？

是的，在某些时候，没犯错也可以道歉。孩子应该都记得，小时候在走路的时候，因为自己不小心碰到小凳子摔跤了，哇哇大哭，妈妈连忙跑过来，抱起你安慰道："不哭不哭，都怪妈妈没把凳子放好。妈妈错了，妈妈现在就把所有妨碍宝宝走路的东西放到一边好不好？"

宝宝摔跤是宝宝的错还是妈妈的错？宝宝已经会走路了，为什么不避开小凳子呢？妈妈没有错，妈妈为什么要道歉呢？孩子一定会说："是因为妈妈怕宝宝难过，所以把错误揽在自己身上，妈妈这么做是爱宝宝的表现。"

原来不犯错也可以道歉，孩子能想明白这个问题。但孩子又有新问题了："妈妈没有错也道歉，是因为那是她的孩子，她爱她的孩子，但是我们为什么没犯错也要向不相干的人道歉呢？"

诚然，妈妈爱孩子，这是天生的情感，但孩子就没有一点儿"大爱"的精神吗？何况，犯错的人可能是我们的亲人、我们的同学、我们的朋友，即便是陌生人，孩子为什么不能把一份无私的"大爱"给予他们呢？

当他人对孩子犯了错时，他们也在为此纠结、难过，他们想着如何道歉、如何弥补错误、如何告诉父母，提心吊胆地等待父母的责罚。他们承受的压力不比孩子小，孩子看到他们这么痛苦，为什么不能宽容一点儿、"大方"一点儿，甚至"英雄"一点儿，说："对不起，不怪你，都是我的错。"

当然，孩子也不是"救世主"，也不能不分事情轻重大小随便"逞英雄"，这样的话，不但不能替对方分担压力，也会把自己压趴下，所以，"不犯错也道歉"这一言行要看情况而定。

1. 对方无伤大雅的小错，孩子可以"没错也道歉"

某些时候，对方的一些小错实在是无足轻重、不值一提，比如同学扫地不小心扫到你的脚，在对方还没有说出"对不起"时，你可以先认错："对不起，对不起，我应该先站到一边才对。"对方不小心把你的杯子碰倒了，你连忙说："没关系，没关系，是我没放好。"这样的表达方式会让对方很受用。

在一些无足轻重的小事上纠缠谁对谁错没有一点意思，不如自己大方地"没错也道歉"，会让他人对你留下良好的印象：人真好、真会说话。

2. 自己不能承受的错千万别随便道歉

当然，对一些自己不能承受的错误就别瞎认错了，不然，做不了"英雄"，反倒变"狗熊"。例如考试时，同桌偷看你的卷子，被老师发现了，这个时候你可不要瞎道歉："对不起，老师，不是他的错，是我让他看试卷的。"作弊可不是小错，是"品质"问题，这个时候可不能"没错也道歉"。

"对不起"不是说得越多越好

"对不起"这三个字要慎说，既不能吝啬永远不说，也不能随便说，这才是口才好的人应该把握的尺度。

扬扬是个调皮捣蛋的孩子，平时总是"小错不断，大错不犯"。不过扬扬有个"优点"，就是错了就马上道歉。

这不，这一天他又在教室里乱跑，碰到了迎面过来的语文课代表，语文课代表手里的作业本掉了一地，扬扬连忙说："对不起，对不起！"然后随便帮课代表捡了两本作业本之后就跑了。

刚跑到教室门口，有一个同学提着一个水桶正要进教室，迎面和他撞了个满怀，同学水桶里的水洒了大半桶，扬扬又连忙说："对不起，对不起！"

扬扬的话音刚落，只听到语文课代表叫起来："这是谁呀，水洒成这样，把作业本全弄湿了。"语文课代表一边说一边拿着湿漉漉的作业本站了起来。

而教室门口那位同学看着只剩了一点水的水桶，还在发呆。语文课代表走到他面前，冲着这位"罪魁祸首"大声嚷嚷道：

"你怎么搞的？怎么这么不小心，你看同学们的作业本都湿了。"

"我……"这位同学很委屈，"这怨我吗？"

"不怨你怨谁！"语文课代表发怒了。

扬扬一看两个人吵起来了，连忙劝架："对不对，对不起，都是我的错。"

谁知道两个人的矛头一起对准了扬扬："别对不起了，你成天说对不起，说完你还犯错，你的对不起管用吗？"

扬扬一脸尴尬……

看完这个故事，孩子会有何感想，会觉得扬扬是个好孩子吗？有的孩子会说："错了就知道马上道歉，是个好孩子。"有的孩子会说："一边说对不起，一边还不停地犯错，他那声对不起根本就起不到对不起的作用。"

的确，像扬扬这样的孩子，虽然平时不会犯太大的错误，但总是会犯一些小错，因此，他们说"对不起"的机会总是很多。说得多了，脸皮也厚了，觉得犯错的后果也不过如此：就是向对方说声"对不起"嘛。

对他们来说，说"对不起"就像吃饭穿衣一样习以为常，这三个字对他们来说毫无压力，张张口就出来了。重要的是，说完也就完了，他们不会因此去吸取教训，改正错误。这样的"对不起"有意义吗？能帮助孩子形成好的行为习惯吗？能帮助孩子真正地学会如何道歉、拥有好的口才吗？

答案当然是否定的。因此，"对不起"不能随便说，更不能经常说，否则，这三个字就失去了它应有的分量，会让别人认为你是个"错误满身"的人。随便说对不起，说了之后又不改和没说对不起并没有多大的区别。如果说了，就要从思想上、行为上去改正错误、弥补错误，这才是"对不起"这三个字的价值。

"对不起"这三个字要慎说，既不能吝啬永远不说，也不能随便说，这才是口才好的人应该把握的尺度。孩子要拿捏好这其中的尺度，就要尝试做到以下几点。

1. 与其说了不做，不如做了再说

与其让"对不起"变成口头禅，越说越不"值钱"，越说让对方和自己都越不在乎，并且说了也不去改正错误，不如在做错事情以后先去纠正错误，再去道歉，这样的效果一定和只说不做大相径庭。就像故事中的扬扬，在把语文课代表的作业本碰落以后，马上帮她把作业本全部捡起来放好，然后再轻轻地向对方说一句："对不起！"这时候的对不起可真是"货真价实"。

所以，语言的作用并不在于"说"，而在于说的"效果"，这是孩子学口才的时候应该牢记的一点。

2. 不要为了息事宁人而随便说"对不起"

生活中还有一些孩子也爱随便说"对不起"，这些孩子基本上都是老好人，他们随便说"对不起"的原因是为了息事宁人。例如孩子在和两个同学聊天，孩子说了一个话题却引起了两个同学的争执，孩子为了让两个同学不再争执，就轻易地说："对不起，对不起，都是我的错，你们俩别吵了。"其实他哪里有错呢？

或者两个同学打架把教室的桌椅打坏了，孩子为了让这件事情"由大化小",就充当"好人":"对不起,老师,是我的错,我不小心碰坏的。"孩子这样随便说"对不起",不仅自己犯了"包庇罪",也不利于同学反省自我、改正错误。

孩子若喜欢这样随便说"对不起",会让别人认为你是个好欺负的人,有什么事情的时候,他人就习惯把错误归结到你的头上。

所以,口才好的人说出的话会有利于自己或他人的成长,对事物的发展总是有着积极的影响。

灵活运用各种道歉方法

有诚意地说出自己错在哪里是所有道歉技巧的前提,没有这个前提,就算你的口才多么出众,多么会"花言巧语",终不过是"纸上谈兵",没有实质效果。

小然和小泉是同桌,上课的时候,小然的钢笔没水儿了,小泉主动把自己的钢笔借给她用,并嘱咐她:"这支钢笔是我爸爸到外国出差的时候给我买的,你小心点用,别用坏了。"

小然连忙答应:"好,我一定小心用。"

小然拿着这只钢笔轻轻地写,生怕把钢笔写坏了。终于作业做完了,小然放下了钢笔,揉了揉发酸的胳膊。这时,前面的同学突然往后靠了一下,碰到了小然和小泉的课桌,课桌上的钢笔咕噜噜地掉在了地上，摔成了两截。

这下，小然和小泉可傻眼了。谁也没想到，钢笔竟以这样的方式坏了。小泉看看小然，不知道该说什么，按道理说，钢笔不是小然弄坏的，不能怪小然，但钢笔确实是坏了，这让小泉很难过。

小然也很委屈，她明明很小心地爱护这支钢笔，钢笔却还是坏了，但她也不能怪前面的同学，她也不知道靠一下桌子就摔坏了钢笔。

但是，小然还是马上向小泉说："对不起，我没有把钢笔放好，我应该把它放在文具盒里，这样它就不会滚到地上了。我回去让我妈妈给你买一支最好的钢笔，我知道不能代替你这支，但希望你别太难过好吗？"

小泉看了看小然，没有说话，小然知道，仅仅靠语言上的道歉不能化解小泉心里的难过。

第二天早上，小泉来到学校，看到自己的书桌里放了一个袋子，袋子里是一个漂亮的文具盒，是小泉喜欢的白雪公主的图案。她打开文具盒，里面放着一支精致的钢笔，还有一封信。

小泉打开那封信，上面写道："小泉，再次向你说声对不起，希望这个文具盒和这支钢笔能驱走你心里的难过。原谅我，好吗？"

看完这封信，小泉一定会原谅小然。为什么小然的道歉方式具有这么好的效果？孩子肯定会争相回答：有诚意！有行动！及时！不仅弥补了错误还送上了特别的礼物。最重要的，则是语言温柔婉转，表达得好！

的确，小然运用了多种道歉的方法，而且运用得非常恰当，没有刻意做作之嫌。那份真诚、质朴的言语，的确令人感动。

可见，灵活运用各种道歉的方法，可使道歉的效果"事半功倍"。

1. 孩子要首先说出自己错在哪里

在向别人道歉时，首先说出自己错在哪里，这是非常重要的。这一点包括以下两方面。

首先，说出自己"错"在哪里。有些孩子心里知道自己错了，嘴巴上还在"犟"。例如故事中的小然也可以这么说："又不是我的错，是前面的同学碰到了课桌，钢笔自己滚下来的。"这样的话，小泉会原谅她吗？她会觉得小然认错的态度不好，没有诚意，所以不但不会原谅她，还会对她的"强词夺理"非常反感。而小然及时说出了自己错在哪里：不应该把钢笔随便放在课桌上，这就为后来小泉能够原谅她奠定了基础。

其次，不管自己的责任是直接的还是间接的，先说"自己"错在哪里。还拿小然来举例，钢笔掉下课桌的主要责任并不在小然，而在于前面的同学，但小然并没有因此推卸责任，而是第一时间承认自己的错误。如果小然此时不先承认错误，而前面的同学更觉得和此事无关，那这个问题就会"小事化大"，无法解决。

所以，有诚意地说出自己错在哪里是所有道歉技巧的前提，没有这个前提，就算你的口才多么出众，多么会"花言巧语"，终不过是"纸上谈兵"，没有实质效果。

2. 道歉的同时赞美对方

孩子都已经知道赞美的力量，在对方心情不爽的时候"捧"他几句，抬高对方，都能给对方面子和尊严，对方心情好了，自然不会对自己的错误不依不饶了。

例如你说："对不起，我错了，您大人不计小人过，原谅我吧。"或者："您大人有大量，'宰相肚里能撑船'，不要跟我计较了，原谅我吧。"用这种带点撒娇、耍赖的方式"捧"对方，往往令对方"扑哧"一笑："好了，原谅你了。"

可见，如果能够灵活、综合运用各种说话的技巧和方法，那么处处都能看到好口才的良好效果。

3. 道歉要直截了当，态度不要似是而非

既然要道歉，就要直接坦诚地承认错误，不要说了对不起，又找理由推卸责任："对不起，不过这你可不能怪我，不是我故意碰到你的，是后面的人挤我。"这种似道歉非道歉的模糊态度，很难赢得对方的谅解。

魔法八
演讲,在众人面前侃侃而谈

你的孩子敢在众人面前侃侃而谈,从而展现自己的演讲能力吗?即使能,他可以通过巧妙的语言方式取得良好的效果吗?遇到紧急问题,他能够做到准确地即兴发挥吗?如果不能,那么很遗憾地告诉你:你的孩子与口才达人还有很大的一段距离。

鼓励孩子参加各种演讲

演讲确实是提高口才水平的最佳途径，很多口才大师都经过演讲训练这一过程，所以父母应该鼓励孩子参加各种演讲，提高孩子的口才水平。

浩浩有一个口才好的爸爸，因为他的爸爸是一个培训讲师。爸爸经常把他带到公司去，让浩浩看看自己是怎么做培训、怎么演讲的。他希望从小就培养浩浩的好口才，因为有着丰富的人生经验和工作经验的他深知好口才对一个人一生的重要性。所以，他要让浩浩从小就学好这门技能。

有了这个得天独厚的条件，浩浩的口才也不错，说话经常是妙语连珠、出口成章。

除了在爸爸的公司得到培训、锻炼的机会以外，浩浩的家里还有许多爸爸买来的演讲的书籍，浩浩没事就看，掌握了许多演讲的知识。有机会他就在爸爸面前操练一番，把理论变成真正的演讲技能。

班里、学校里的演讲比赛就不用说了,那都是浩浩展示好口才的舞台。如果有机会,爸爸还想让他参加市里、省里更大的演讲比赛。

训练孩子口才的方法很多,演讲是一个很好的方式。
为什么这么说?
首先,演讲的受众面最广。平时我们说话的对象通常是一两个人,最多不过几个人,而演讲要面对的少则几十人,多则几百、上千人。面对这样大的场面和这么多的人,孩子的胆量和自信都能够得到锻炼和提高,这是孩子拥有好口才的基础。

其次,演讲所要表达的内容最多。孩子平时说话通常都是你一句、我一句,讲故事、写作文也不过是几百字,很少能像演讲这样有这么丰富的内容,并在固定的时间内一次性讲完。孩子为了使受众能够听明白、喜欢听,必定要在演讲稿和表达上下大功夫,这对孩子的口才锻炼是一个绝佳的机会。

最后,演讲是对孩子能力的全方位的锻炼。孩子想要有一次精彩的演讲,先要有一个好的演讲稿,孩子就某一问题阐述观点、摆事实、讲道理,这既锻炼了孩子的逻辑思维能力,又锻炼了他们的写作能力;再通过语言表达出来,又锻炼了孩子的表达能力。在这个过程中,孩子势必要运用更多巧妙的语言技巧,让整个演讲更富有魅力,这些都是好口才不可缺少的因素。

综上所述,演讲确实是提高口才水平的最佳途径,很多口才大师都经过演讲训练这一过程,所以父母应该鼓励孩子参加各种演讲，提高孩子的口才水平。下面的一些机会，孩子不能错过。

1. 学习别人的演讲

要想提高自己的演讲水平，先要学习别人是如何演讲的。父母可以给孩子买一些关于演讲的书籍和视频资料，让孩子学习观摩，比如卡耐基、杨青松、彭清一等演讲大师的演讲，让孩子知道高水平的演讲是什么样的，激发孩子学习演讲和好口才的兴趣。

2. 参加班干部竞选演讲

在竞选班干部的时候，大部分的学校都会要求参加竞选的同学进行竞选演讲，父母要鼓励孩子参加这样的活动。在班里演讲，规模不是很大，面对的又是自己熟悉的同学，孩子的压力不会太大。不管能不能竞选成功，参加竞选演讲对孩子的口才都是一种锻炼。

3. 参加演讲比赛

大型的演讲比赛才能真正锻炼孩子的口才。父母可以鼓励孩子参加这样的演讲比赛，有意识地锻炼孩子的演讲水平。比如，全校的、全区的，甚至是全市的演讲比赛，父母都可以鼓励孩子大胆地参加，相信一个好口才的孩子就是从这样的锻炼中走出来的。

4. 举办家庭演讲

参加真正的演讲的机会毕竟不是很多，为了给孩子提供更多的锻炼机会，父母不妨在家里举办一些家庭演讲，邀请亲朋好友参加，或者只有父母作为听众也可以。

这样的演讲可以是提前准备的,也可以是即兴的。比如,星期天孩子在家里玩,父母就可以说:"给我们讲励志的故事吧。"孩子就会临时在头脑里搜寻励志的小故事,讲给父母听。这样不刻意地锻炼孩子的口才的方法,孩子一般都很愿意配合。

事先准备好演讲稿

演讲稿的好坏直接决定了演讲的成功与失败。如果有一个好的演讲稿相助,在演讲时就容易出口成章了。

小林马上要参加演讲了,他要先准备演讲稿。

他演讲的题目是:自信是一切成功的基石。围绕着"自信"这个主题,他开始去找资料,他去了图书馆和书店,找来了几本有关自信的书,把能用的资料画下来,又找了一些关于成功人士的例子,然后开始写演讲稿。利用资料并加入自己的想法,他写好了演讲稿。

写好初稿以后,他又开始着重润色开头、高潮和结尾部分。哪些部分要提高声音、加入手势,他都在一边做了标记。

有了演讲稿,他的心里踏实了不少,对这次演讲更有信心了,然后开始朗读、背诵,并对着镜子反复练习。

到了比赛那天,小林自信满满地上场了。因为有精心准备的演讲稿相助,他的演讲很顺利,取得了不错的成绩。

除了即兴演讲，其他演讲都要事先准备好演讲稿。演讲稿又叫演说词，它是在大会上或其他公开场合发表个人观点、见解和主张的文稿。演讲稿的好坏直接决定了演讲的成功与失败。孩子如果有一个好的演讲稿相助，在演讲时就容易出口成章了。

为什么这么说？这是因为，演讲稿至少有两个方面的作用：其一，通过对思路的精心梳理、对材料的精心组织，使演讲内容更加深刻和富有条理；其二，因为提前进行了准备，可帮助孩子消除临场紧张、恐惧的心理，增强演讲者的信心。

通常来说，一个好的演讲稿必须具备下面几个特点。

1. 演讲稿必须先确立演讲的题目、主题和中心思想

孩子在写演讲稿的时候，首先要根据演讲活动的性质与目的来确立演讲的题目、主题和中心。一个演讲稿若没有主题和中心，遣词造句再美，演讲者表达得再好也无济于事，因为听众不知道你要讲什么。

演讲的主题和中心是演讲内容的方向，所有的演讲内容都是为了这个主题服务。例如演讲的主题是"谈自信"，那么所有论证都是围绕着"自信"这个主题展开，不能跑题。

2. 选择合适的演讲材料

确立了演讲稿的主题和中心思想，接下来就要搜集、整理材料。如果说主题和中心思想是演讲的灵魂，那么材料就是演讲稿的血肉。要围绕主体筛选材料，凡是能充分说明、突出、烘托主题的材料就应选用，否则就舍弃，要做到材料与观点的统一。

孩子的演讲应形象有趣、寓理于事，所以选择材料时，要尽量选择那些新颖的、典型的、真实的材料，或是孩子崇拜的人和有轰动效应的事。这样，孩子不仅容易心领神会，听起来也会更有兴趣。

3. 精心设计开头、主体和结尾

演讲稿有了主题和材料，就要合理安排好演讲稿的结构，演讲稿的结构由开头、主体和结尾三部分组成。演讲要想吸引人，必须精心设计好开头、主体和结尾。

首先，开头要先声夺人、富有吸引力。开头的方式主要有以下几种：

第一，开门见山，亮出主旨。例如："我今天要演讲的题目是'自信是一切成功的基石'。"

第二，叙述与主题有关的事实，交代背景。例如："希特勒在6月22日向苏联发动了背信弃义的军事进攻，苏联面临着严重的危险。"

第三，提出问题，发人深省。例如："一个人应该怎样对待自己的少年时光呢？我想在这里和大家谈谈我的想法。"

第四，抛出警句，引出下文。例如："一个人不怕自己的思维混乱，怕的是他从来就没有思考过！"

其次，主体部分要层层展开，步步推向高潮。主题展开后，要在理论上一步步说服听众，内容上一步步吸引听众，感情上一步步感染听众。要精心安排结构层次，层层深入，环环相扣，水到渠成地推向高潮。要过一段就安排一次高潮，这样能让听众始终被你的演讲所吸引。

最后，结尾要干脆利落、简洁有力。演讲稿的结尾是主体内容发展的必然结果。结尾或归纳，或升华，或总结，方式有很多。好的结尾应收拢全篇、水到渠成、干脆利落、简洁有力。

4. 修辞手法的运用

好的内容要通过优美的语言表达出来。演讲时，要尽量发挥遣词造句的功能，并合理运用修辞手法。例如排比句式，既淋漓尽致地表达了演讲者的思想和感情，又增强了语言的韵律美和节奏感，使听众受到感染；反问句则会给听众留有思考的空间，容易唤起听众的激情和想象，比直抒胸臆更具有激发鼓动听众的力量。这些修辞手法的运用都可以增强演讲气势，将演讲推向高潮。

演讲首先要克服紧张情绪

父母要帮助孩子战胜紧张恐惧的心理，恢复自信，塑造出勇敢大方的性格，才能让他拥有好口才。

聪聪的父母经常吵架，每次听到爸爸妈妈吵架，聪聪就吓得躲在一旁。所以他的胆子从小就不大，在众人面前说话总是紧张得不得了，有时甚至还会变得口吃，连一句完整的话都说不出来。

有一次他参加班干部的竞选，要在全班同学面前作一次小小的演讲,这可是他第一次在这么多人面前讲话。当聪聪看到台下站着的老师和几十个同学时,紧张极了,手心冒汗,脑子里一片空白,嘴唇发抖,原来背得滚瓜烂熟的演讲词全忘了,最后不得不拿出事先准备好的演讲稿来读,但是由于过于紧张,读起来结结巴巴的,台下的同学哄堂大笑。

从那以后,同学们给聪聪起了个外号叫"小结巴",聪聪得到这个外号之后,说话就更加紧张了。

对于大多数的孩子来说,在众人面前说话都会感到紧张,尤其是在重大的场合进行演讲更是如此。紧张使孩子心悸敏感、情绪不良,如同聪聪一样,严重地影响了他的语言表达。不过孩子不必因为自己的紧张而感到羞耻,因为这种紧张感是人之常情,即便是经验丰富的演讲大师也有紧张的时候,但他们最终成为大师级别的人物,是因为他们通过种种方法克服了自己的紧张情绪。

可见,孩子经过锻炼,一般都可以成为一个优秀的演讲者。所以,首先要学会克服自己的紧张情绪,才能把自己的演讲内容通过好的口才传递给观众。大部分的观众都希望演讲者能有良好的表现,所以不要把观众当成令自己紧张的最大因素。

父母要帮助孩子战胜紧张恐惧的心理,恢复自信,塑造出勇敢大方的性格,才能让他拥有好口才。我们可以通过以下几种方法来引导孩子克服紧张的心理。

1. 专注于自己,把观众当成透明人

如果过于在乎听众的反应,就会容易紧张,这时候不妨把注意力全部放在演讲本身，忘记观众，甚至可以当他们是透明人、不存在，这对减轻自己的紧张感也是很有帮助的。所以在上台前，父母就应该别说得太多，以免让孩子总是感到台下有太多的人，反而出现失误。

2. 用心理暗示法克服紧张

心理暗示法简单地说就是给自己"打气"，演讲之前，孩子不妨自己告诉自己："不要紧张，没关系，已经准备得很好了，正常发挥就好了。"或者做一做深呼吸，告诉自己："放松！放松！"也可以直接对自己说："你是最棒的！你能行！"

心理暗示法其实就是让自己相信自己，不要在上台之前自己就先把自己打败了。没有自信是很难演讲成功的，好口才也就无从谈起。

3. 让孩子把紧张的心情说出来

在上台之前，不要让孩子把这种紧张的心情窝在心里，不妨将这种感受说出来。比如："我紧张死了，心扑通扑通地跳个不停，连舌头好像也不听我使唤了。"当孩子说出自己的紧张情绪后，父母再进行适当的鼓励和缓解，对孩子放松心情也是一种有效的帮助。

4. 做好充分的准备

导致孩子紧张的原因无非是怕得到的评价不好，如果在演讲之前就把一切准备工作做好，让孩子对演讲结果有良好的估计，那么他紧张的情绪就会小了很多。可以从几个方面进行准备：演讲稿要写好，特别是开场白，好的开头就成功了一半；熟记演讲稿，如果演讲的内容都不熟悉，再加上紧张，肯定就会忘词。可以列一个提纲,在演讲的过程中看一眼,起到提示的作用;演讲之前先预习,可以在演讲之前先在小范围之内练习几遍,对自己在演讲过程中发生的状况有了心理准备,紧张的情绪就会小很多。

总之,把该做好的准备工作都做好,包括细节,不打无准备的仗,演讲自然就会容易成功了,好口才自然也就顺理成章了。

抓住听众的心情,操控听众的情绪

好的演讲者应该是一个情感互动专家,知道什么时候该自己说、什么时候该向听众提问,什么时候该情绪激昂、什么时候该语调平缓,并根据听众的反应及时调整自己的演讲方式。

真真要参加一个演讲,她相信她能够讲得好,因为她提前很长时间已经开始准备了。她一遍一遍地练习,把演讲稿背得滚瓜烂熟。

到了演讲的那一天,真真信心满满地走上了舞台,她看了一眼下面的听众,然后开始背她的演讲稿。果然,她背诵得非常流利,流利到已经不需要思考的地步。

她严格按照演讲稿的内容进行演讲,没有乱加任何词语,包括感叹词和语气词。她规规矩矩地站在那里,手也没有乱动。在她演讲的过程中,观众们始终安安静静地坐着,没有任何不好的反应。

就这样，真真顺顺利利地把演讲稿背诵完了。最后，她终于得到了听众稀少的掌声。结果，真真的演讲比赛得了倒数第二名。

为什么真真的演讲没有获得好的名次？因为她只讲不演，所以听众觉得她讲得像背书，没有意思。

演讲的真正含义不光是讲，同时还要演。甚至，演比讲更重要。如果只是干巴巴地讲，下面的听众只怕要打瞌睡了；不光自己演，还要调动听众的积极性，让听众参与到你的演讲中来，这比你一个人唱独角戏的效果要好得多。如此一来，就不是你一个人在对一群人讲，而是大家在互相地交流思想，只不过是你扮演了一个引导者的角色而已。

好的演讲应该是一部丰富的作品，高低起伏、气势恢宏、感情真挚、有悲有喜。听众的情绪会随着你的语调而起伏，安静时鸦雀无声，激昂时全场轰动，最后在高潮时戛然而止。偶尔也可以停顿，这是为了酝酿自己的情绪或吊吊听众的胃口，引起听众不由自主的掌声。

好的演讲者应该是一个情感互动专家，知道什么时候该自己说、什么时候该向听众提问，什么时候该情绪激昂、什么时候该语调平缓，并根据听众的反应及时调整自己的演讲方式。演讲应该是互动的、人性化的，方式应该是灵活多样的，不要刻板地运用各种样板句式、遵循固定的规律，那样只会让你的演讲成为千篇一律的"流水账"，让人感到厌烦。

总之，孩子在演讲的时候要知道如何去抓住听众的心情，懂得操控听众的情绪，演讲才会更成功。调动听众的积极性有很多种方法，在不同的场合可以使用不同的方法，贵在灵活运用，下面我们列出几种常见的方法。

1. 孩子在演讲时必须要有丰富的情绪

听众的情绪是需要演讲者去调动的，所以孩子在演讲的过程中必须要有丰富的情绪，情绪越是丰富，越是发自内心，听众就越容易融入你所营造的氛围中去。

例如，喜悦时面带微笑、愤怒时怒目圆睁、悲哀时眉目低垂、惊讶时眉目骤张、坚定时目光炯炯等。总之，每种表情都要力争做到发自内心，如身临其境。宁可夸张也不可哭笑不分、喜怒无别，否则给人的感觉就会像流水账一样，枯燥乏味。

2. 善于运用鼓动性语言

在演讲的时候，为了使大家的情绪激昂，唤起听众心灵深处的共鸣，使之振奋精神，产生一种想与演讲者一致行动的欲望，就必须要运用一些鼓动性的语言。鼓动性的语言有多种不同的句式：主动句和被动句、肯定句和否定句、整句和散句、长句和短句、口语句和文言句等，每种句式都有其特定的表意功能。

比如，在鼓励听众不能失去斗志的时候，就可以运用反问句："难道你就允许自己这样懦弱下去吗？不，不能！"反问的目的不是让对方来回答，而是激发听众对既成的事理进行思考，并接受反问者的观点。一个好口才的人应该善于运用这种鼓动性的语言。

3. 演讲的语言要张弛有度

孩子在演讲时要注意自己的语言必须张弛有度、抑扬顿挫，否则听众就会"走神"。主要是从语言、内容、情感几方面去体现，语调要有高有低，语速要有快有慢，音色要刚柔多变，情感要跌宕起伏。

在说一些关键词时要加强语气，在提问题时尽量把音调提高，这样听者就会很期待你的答案，而且不会怀疑你的见解。在给出结论时，要尽量用重音来表达，因为前面你已经论证过了，应该很自信地说出你的结论。

比如，在演讲的结尾，你可以大声地这么说："同学们，少年强则国强，少年独立则国之独立，振兴国家，匹夫有责，让我们赶快行动起来吧！"这样，听的人会不由自主地跟着你的思路走，这是一种"心理控制法"，掌握了这一演讲技巧，你的口才就会更好了。

抑扬顿挫的声音为演讲增添魅力

要想使声音变得更富有魅力，语言的速度、声音的高低都不能始终如一，该停顿的时候要停顿，该转折的时候要转折，也就是说要有抑扬顿挫。

小明正在进行演讲，他演讲的题目是"高山下的花环"，这是一部反映部队生活的作品。

他先用平稳的语调开始,交代了故事的背景,接着故事的主人公随着他欢快的语调出场了。当主人公梁三喜受到委屈时,小明的声音低落了;当梁三喜与他人发生摩擦时,小明也发火了;当他讲到梁三喜他们打响自卫反击战的第一枪时,他的声音变成了怒吼;当梁三喜为救战友倒在血泊中时,他沉默了,他的演讲似乎中断了;当烈士的家属为烈士们送上鲜花时,他也忍不住哭了。

他抑扬顿挫的演讲不仅感动了自己,更感染了听众。听众随着他的演讲情绪起伏,变换着悲喜。当他的演讲结束时,他收获了听众们潮水般的掌声。

孩子都知道,演讲时,讲是主体,而讲是通过声音来表现的,所以,声音要更富有魅力才能使演讲更有感染力。要想使声音变得更富有魅力,语言的速度、声音的高低都不能始终如一,该停顿的时候要停顿,该转折的时候要转折,也就是说要抑扬顿挫。抑扬顿挫就是指声音的高低起伏和停顿转折。

抑扬顿挫的表达犹如赋予了一首歌曲优美的旋律一样,使演讲显得更动听、更吸引人,听众也更享受。演讲时要做到抑扬顿挫,就必须使声音高低有致、语速快慢自如、停顿转折自然流畅,这些都要得体灵活地运用,不能有刻意运用的痕迹。只有如此,听众才会感受你的投入,并被带入到你所表达的情境之中,从内心发出掌声,这才有可能是一次成功的演讲。

演讲时想要做到声音的抑扬顿挫,除了情绪的酝酿,还要做到以下四点。

1. 演讲的语速快慢要适宜

语速快慢只是相对而言，过快过慢都不合适。过快会使听众跟不上你的节奏，或听不清楚你在说什么，因此无法体会。而过慢则拖泥带水、索然无味。演讲的语速大体可以分为快速、中速和慢速三种。

当讲到比较紧张或急剧变化发展的场面，刻画人物的豪放、活泼、机警、年轻，表现紧张、焦急、热切的心情，表达自己抨击、鄙视、斥责、雄辩等强烈感情时，就要加快语速；叙述比较庄重、沉思的场面，表现苦恼、悲愤、缅怀、悼念的心情，作品中发人深省的警句等，语速就应该慢一些。而平和的叙述、说明的句子、过渡的地方和感情没有突出变化的地方，应该用中速。

演讲的速度是由演讲者表达的演讲内容、人物情况、语句性质等因素决定的，语速的快慢并没有绝对的模式，孩子在演讲中应该灵活运用。语速快慢适宜，能使听众体会到不同的情境，有身临其境之感，使演讲达到良好的效果。

2. 演讲时声音要有高低起伏

如果说语速是演讲的节奏的话，那么声音的高低则像旋律，演讲时要根据表达的需要把握好声音的高低起伏。

在表示激动、热情、兴奋或紧张、惊慌、急躁、愤怒等情境情感时，声音就要有所提高；而表示宁静、沉思、追忆、痛苦、哀怨等情境情感时，声音就要低一些。一般来说，语速快时，声音同时也要高，而语速慢时，声音也会低沉一些。

在演讲时，当描述到对话时，男人的声音要低一些，女人的声音要高一些；老年人的声音要低一些，而青少年的声音要高一些。

3. 演讲时要有适当的停顿

停顿不仅是演讲者换气的需要，同时也是给自己时间酝酿情绪，更是给听众思考的空间，更重要的是为了把作品的内容表述得清楚完整，把思想感情表达得更突出。

当碰到长句子时，不可能一口气说完，就应该有适当的停顿。当一个段落结束时，或一个层次的意思表达完毕时，也需要停顿。停顿不应该破坏表达的完整性，要显得合理、自然、从容。

4. 演讲时要有转折

抑扬顿挫的"挫"指的就是转折。演讲时，在情节的发展急转直下的时候，例如"一群人正走在路上，突然……"这个时候演讲者的声音就要变得急促、语速加快、声调提高，表示事情到了紧张的关头，听众的心情也会随着你的声音紧张起来。

在使用一些逻辑性的词语时，也有转折的时候，例如"虽然同学们都很努力，但是……"

在说这里的"但是"时，就可以让语速慢一点，并加重语气，起到强调的作用，这样就可以给听众留下更深刻的印象。

演讲时掌握了抑扬顿挫的表达方法，孩子的口才水平就会大大提高。

学会用眼睛传情达意

演讲时要学会用眼睛"说话",学会用眼睛表达你的善意和观点,学会用眼睛了解听众的情绪和疑问,将眼神运用得恰到好处,这将大大增强你的演讲效果。

小莲要参加班里的演讲比赛了,这是她第一次参加演讲比赛,因此非常紧张。

平日的小莲就是一个胆小的孩子。课堂上回答老师提出的问题,她都不敢看老师的眼睛,这次要当着全班同学的面演讲,她更是紧张地不知怎么办好。

到了比赛的那天,她像赶鸭子上架一样站到了讲台上。看到下面黑压压地坐着50多个同学,还有各科的任课老师,她的腿立刻吓得发软了。看到大家目不转睛地看着她,她更紧张了,没办法,她低下了眼睛。

讲了一会儿,她试着抬起头,刚好碰到班主任老师的目光,吓得她又低下了眼睛。这次她再也不敢抬头看老师和同学们了。小莲就这样低着头,念完了演讲稿。

像小莲这样,低着头、不看大家演讲,能讲得好吗?演讲时的面部表情会给听众留下非常深刻的印象,眼神的作用更是不可小视。如果你不看听众，听众就会觉得你的演讲和他无关，因而无法投入。

所以，孩子在演讲时要学会用眼睛"拢"住下面的听众，让每一个听众都受到你眼睛的关注。当然，要忍受众目睽睽的注视，对谁来说都不是很容易的一件事，何况还有一小部分听众会用漠视的眼光看着你。

为了在演讲时给自己更大的自信，孩子就要学会一边演讲，一边从听众当中找寻对自己投以善意、温柔和肯定眼光的人，并且无视那些冷淡的眼光。要学会用眼睛表达你的善意和观点，也要学会用眼睛了解听众的情绪和疑问。

所以，演讲时要学会用眼睛"说话"，将眼神运用得恰到好处，这将大大增强你的演讲效果。具体怎么操作？可以通过下面几点。

1. 用扫视的目光控制全场

演讲者要有控制全场的能力，如果一走上讲台，脚还没站稳就匆忙开口演讲，不仅讲话会气喘吁吁，还会显出你不够老练。所以，孩子在走上演讲台时，要先用目光环视全场，稳定一下情绪，再开始演讲。

环视时，目光不要停留在一点，不能像钟摆那样左右摇晃，而是要覆盖整个场面，从一群听众移向另一群听众。

2. 用专注的目光注视会场的某个地方或某个人

演讲时，并非一直是自己在说，偶尔会有提问的时候。当你想要某个听众回答问题时，便可用专注的目光看着他，对他说："你有什么看法？"当听众在回答问题时，你更要专注地看着他，表示对他的尊重。

当有的听众开小差或捣乱时，你也可以用眼睛注视着他，但意义就不同了："请专心听讲，别说话影响他人！捣乱的请离开会场！"用这种方法既不会中断演讲，又不伤害对方的自尊心。

3. 似看非看的眼神会让演讲显得更自然

演讲中，目光若不停地扫视，会分散听众的注意力；也不能老是专注一处，那会让听众觉得演讲者很呆滞。在不需要扫视或专注的时候，最好是虚视，即似看非看，这会让听众觉得演讲者的目光更自然，同时又没有忽视他们。它是在向听众传达这样的信息：我在同你们一起讨论问题！

这一信息非常重要，它能集中听众的注意力，也能有效地控制全场。

4. 目光的主动性、目的性和协调性

在演讲中用眼睛说话时，目光要有主动性、目的性和协调性。

所谓主动性，就是演讲者必须主动用眼睛接触听众的目光，不要回避听众的视线。如果眼神总是游离，盯着窗外或天花板，那是非常糟糕的。你不看听众，听众就会当你自言自语，不是在同他们演讲，他们自然也不会用心听。

所谓目的性是指演讲时，目光要有目的地活动变化。例如用眼睛示意听众安静、示意听众回答问题等。那种无目的的目光会分散听众的注意力，影响演讲效果。

而目光、视线、眼神与表情及有声语言保持一致，这就是指目光的协调性。比如向听众问好时，目光与表情必须同时表现出亲切感；批评某个听众不专心时，目光与表情就要同时表现出严厉，只有配合协调，才容易使听众明白和接受，也才能使演讲达到最好的效果，发挥好口才的最大作用。

恰到好处的手势，让口才进一步爆发

人在表达和演讲时都会有不同的手势，它可以增强表演的感染力，让自己的口才得到进一步爆发。

班里举行演讲比赛，很多同学都讲完了。轮到君君上场了，他想："可轮到我了，你们讲得都是什么呀，一个个规规矩矩的、木木呆呆的，一点儿都不生动、不活泼。看我的！"

君君看过一些演讲大师的视频，那些大师在演讲时都情绪激昂，有时伸大拇指，有时挥舞拳头，甚至有时还会拍桌子，多带劲儿！他要向那些演讲大师学习。

君君走上了讲台，大声喊了一声："同学们！"把同学们都吓了一跳。

然后君君开始演讲："今天，我演讲的题目是'向幸福的明天出发'！""出发"两个字被君君喊得好大声，声音拖得长长的，好久都不停，同时他攥紧了拳头，用力地向前上方挥去，做出向前冲的姿势。君君的动作太夸张了，同学们忍不住笑了起来。

君君一看同学们笑了，觉得自己讲得不错，更有劲儿了：

"今天，我们的生活过得太幸福了，但是……"他顿了顿，同时大声拍了一下桌子，同学们再次被他吓了一跳。

终于，在君君夸张的表演和手势中，同学们听完了他的演讲。

人在表达和演讲时都会有不同的手势，它可以增强表演的感染力，让自己的口才得到进一步爆发。但是，并不是每个人都会使用恰当的手势。像君君一样，使用的手势过于夸张，结果就会适得其反。因此，手势必须自然，不能像君君一样那么夸张。

要想把手势使用得恰到好处，就要先弄清楚每一种手势的含义：在胸部以上的手势，多表示积极向上的情感和内容；在腹部区域的手势，多表示比较平静的思想和情绪；当手势在腹部以下区域活动时，多表示憎恶、不屑、厌烦等负面情感。恰当使用这些手势，才会让听众听得明白、听得舒服。

演讲时的手势不仅可以用来表达和加强说话时的情感，还可以引起听众产生心理上的联想，从而使你的演讲更生动、更富有感染力。但孩子必须知道，演讲的主体是你的有声语言的表达，手势只是演讲的辅助。犹如做汤时的作料，过多过少都不好。不用手势，听众会觉得呆板；手势用多了，听众又会不知所措——无论你说得多么精彩，也会被太过强势的手势所影响。

孩子想象一下就可以明白这其中的道理：当你上台后，肃然立正，手贴裤缝，一动不动，这样会给听众带来什么样的感受？他们会觉得你很拘谨、紧张、不知所措，不由自主地也跟着紧张起来，演讲效果就会大打折扣。但你的手势如果过多，或不知道手势该怎么用，不自觉地抓耳挠腮，或者手乱挥一通，也会分散听众的注意力，严重影响口才的发挥。

除此之外，手势还应该是专属于个人的手势，不要刻意模仿他人，因为演讲者的气质、个性、演讲的主题、听众以及会场的情况都不一样，所以，手势必须是让自己和听众觉得自然的手势。

那么，孩子在演讲时应该怎样运用手势来渲染感情、增强感染力呢？来看看下面几种方法。

1. 用手势来指示特定的人或事

在讲到具体的人和事时，可以用手势来指示具体真实的形象。例如说到在场的人时，就可以用手势来说明：我、你们、这边的朋友等。也可以虚指"在很久很久以前"、"在遥远的地方"。这种手势简单明了，不带感情色彩，比较容易做。

2. 用手势模拟事物

用手势模拟事物，是指用手势描述事物的形状。比如说到梨时，可以用手势虚拟一个梨的形状；说到心时，可以用两只手做一个心的手势，这样会让听众更真实地感受到演讲者的真情实意。

3. 用手势来抒情

这种手势在演讲中用的次数最多，比如兴奋时拍手称快、恼怒时挥舞拳头、急躁时双手相搓、果断时猛力砍下。这种手势可以使演讲者的感情得到更大程度的宣泄，对演讲的感染力有很大的帮助。

4. 用手势来表示象征的意义

手势可以表示抽象的意念，用得准确恰当，能引起听众的联想。例如用右手向前上方有力地伸出这个手势，表示鼓舞人的斗志。在讲到"让我们扬起理想的风帆，向着光明的未来前进！"或者"同志们，冲啊！"时，就可以做这种手势。

再如表示胜利时可用手指做出"V"的造型，赞许时做出"OK"的造型等，都属于这一类。

5. 个人的习惯手势

任何一个演讲者都有一些他自己独有的习惯性手势，这种手势的意义并不明确，但却会增加演讲者的个人魅力。孩子在演讲时可以保留这种手势，但如果是不自然的、影响演讲效果的手势就要慎用。用好了这些手势，演讲者的感染力就会大增，同时也会大大提升口才的表现能力。

从容应对即兴演讲

即兴演讲因为没有提前做任何准备，而是临时发挥、随机应变，所以难度会比较大，这也是检验一个人演讲水平高低、口才好坏的标准之一。

田田的口才好，周围的人都知道。并且，他已经获得了大大小小好几个演讲比赛冠军了。最近，他又获得了全区小学演讲比赛的冠军。

这一天田田放学回家,刚走到小区里,几个阿姨、奶奶热情地跟他打招呼:"田田,放学了?听说你获得了演讲比赛的冠军,我们都没听着,不如现在给我们讲一遍吧!"

"这个……"田田有点为难,"我没有提前准备。"

"你都是演讲冠军了,还要什么准备?张嘴即来。你就给大家讲一小段吧。"

田田一看躲不过了,就稳定了一下情绪,清了清嗓子,同时开始在头脑中思索演讲的内容。还好他看书多,演讲比赛锻炼的次数多,积累了很多素材,他给大家讲了一段"闹花灯",他知道奶奶阿姨们都喜欢听这些内容。

有些内容虽然记不清楚了,他就加入了自己的即兴发挥。大家看到他讲得绘声绘色、惟妙惟肖,声音时而高昂、时而低沉,还配合手势,犹如"说书"一样精彩,不禁热情地鼓起掌来。

孩子在演讲时都会提前准备演讲稿,但是总是有一些特殊的情况没有演讲稿相助。比如演讲中间因为紧张突然忘词,或听众喝倒彩使演讲进行不下去。也有一些时候像田田一样,突然被他人要求"讲一段",或者还有一些即兴演讲的比赛。这个时候,如果孩子硬着头皮乱讲一通,没有条理,没有章法,想到哪儿说到哪儿,甚至还脸红心跳、舌头打结、结结巴巴,那么就只有丢人现眼的份儿了。

即兴演讲因为没有提前做任何准备,而是临时发挥、随机应变,所以难度会比较大,这也是检验一个人演讲水平高低、口才好坏的标准之一。口才好的孩子往往会利用这个机会乘势而上、旁征博引，声情并茂、逻辑严密地演讲一番，那么不仅能化解尴尬、反败为胜，更好地"秀"出自己，还能给听众留下更深刻的印象。而口才差的孩子往往手足无措、不知所云，造成更加尴尬的场面。所以说，即兴演讲是最考验讲话人的口才真功夫的。

因为是临时演讲，必须在瞬间抓住听众的注意力，所以演讲的内容不可拖沓冗长，必须短小精悍，结构以严谨为佳，最好是针对听众采用那些人尽皆知的小段子，或是历史上脍炙人口的典故，迅速冲淡"不期而至"的尴尬，从而使听众倍感亲切，为自己赢得人气。

想要做到这些并不容易，它要求孩子拥有丰富的情感和深厚的知识储备，还要有一副好口才，同时还要有良好的心理素质。

下面，我们就教几个孩子从容应对突发演讲的窍门。

1. 先稳定情绪

紧张是演讲的大敌，孩子必须先让自己的情绪稳定下来，才有可能使大脑思维清晰，在最短的时间内组织好演讲的内容，例如将目光投向远方，不要一直看着听众，让讲台成为一个人的舞台，那么你的紧张情绪就会逐渐散去。其次，迅速调整状态，表现出自信和朝气，那么不仅会令听众产生兴趣，同时也是给自己打了一针强心剂。

2. 漂亮的开场白是即兴演讲成功的必要条件

即兴演讲的时间不长，而且内容也来不及精雕细琢，所以必须在开始就"先声夺人"。如果没有一个漂亮的"开场白"，不能在开始迅速抓住听众的耳朵，听众就没有耐心继续听下去。而用名人的故事或是身边的故事进行开头，这就是非常不错的开场白。

3. 立即进入主题

既然是即兴演讲，就没有时间让孩子长篇大论。所以，孩子必须在瞬间整理思路，迅速理出腹稿，弄清楚"我要讲什么"、要说几方面的内容、中间如何衔接、结尾如何结束，然后立即进入主题开始演讲。

4. 平时多积累知识是即兴演讲的基础

即兴演讲的诸多技巧若没有一定的知识积累作为基础，一切都是空谈。只有平时多积累知识，才能在短暂的时间内从脑海中找到生动的例证和恰当的词汇。这就要靠孩子在平时多看书、多见世面、多和他人交流。只有头脑里有了知识储备，才能在关键的时候发挥作用。

5. 切莫信口开河

有些孩子在即兴演讲的时候一着急就会胡说八道，例如"把喜马拉雅山炸了个大洞"，这样会让听众更觉得可笑。如果真的说不下去了，不妨找个合适的地方稍微停顿思考一下，万万不可为了扭转局面，就不着边际地信口开河。

总之，即兴演讲不是一件容易的事，不仅需要平时的训练，还需要临时的应变能力，只有同时做到这些，孩子才能成为一个口才达人、演讲达人。

魔法九
求助，用你的话打动对方的心

"求人"不是一件很容易的事。唯有口才过硬的人，才能第一时间得到他人的帮助。那么，该用什么样的语气、该用什么样的心态、该用什么样的方法，才能在求助的过程中给自己加分呢？

把最真诚的态度化为最真诚的语言

求助的态度必须非常真诚,哪怕看对方的脸色,受对方几句难听的话,只要不伤害你的自尊心、不触及你的底线,自己都应该承受。

小波学习很努力,但数学成绩却一直不太好,他很想让班里的学习委员小海帮他补补课。

这天放学,他去找小海,和小海聊了几句,然后提出了他的要求:"小海,有件事我想请你帮个忙。我的数学成绩一直不太好,你能帮我补补课吗?用星期天的时间就行。"

"我星期六和星期天都报了兴趣班,星期天下午倒是有时间,但要是再给你补课,我的业余时间就一点儿都没有了。我考虑考虑吧。"小海说。

"好,没关系,你考虑考虑量力而行,别弄得自己太累。走,我骑自行车带你回家。"

这一天放学，轮到小海值日，小波拿了扫把，和小海一起扫起地来。在小波的帮助下，卫生很快打扫好了，小海说："谢谢你，小波！"

"没关系，走吧，一起回家。"

以后，不管大事小事，小波经常帮小海的忙。小海过生日，他也送上精心准备的卡片。

终于有一天，小海对小波说："小波，这个星期天我去你家里给你补数学。"

"好，好！谢谢你！我让我妈妈给你做好吃的。"小波非常高兴地说。

小海也很高兴："好嘞。"

在好口才的一些最基本、最重要的要素中，礼貌是其中之一，其次就是真诚。无论是在赞美还是道歉或是交谈的时候，都少不了真诚这个"因子"，没有这个"因子"，就结不出"打动对方"这个"果"。

在求助别人的时候，这个"因子"比其他任何时候都显得更为重要，因为"有求于人"，姿态总是要放低一些；想让别人帮你的忙，态度总是要好一些。这个时候，你若稍微"摆摆谱"，估计对方也会和你说"拜拜"了。

所以，态度必须非常真诚，哪怕看对方的脸色，受对方几句难听的话，只要不伤害你的自尊心、不触及你的底线，自己都应该承受。你必须放下身份、放下骄傲，把最真诚的态度化为最真诚的语言，用真诚和好口才打动对方。

不要因为对方一时不接受你的求助而觉得委屈，刘备还"三顾茅庐"呢！他是何等的身份，何等的委屈！何况你一个碌碌无名之辈。要想像刘备那样成大事，要想像诸葛亮那样以好口才"舌战群儒"，不受点儿委屈、不拿出最真诚的态度、不好好练口才，怎么可能有那一天呢？

1. 表情要真诚

若想要别人帮你的忙，首先要放低姿态。虽不至于低三下四、唯唯诺诺，但起码要有一个好的表情；虽不至于"笑脸如花"，也不能摆一副"臭脸"。

如果可以，我们还应该加点儿微笑。如果可以笑着说："你好，有一件事，请你帮个忙。"想必对方一定不会拒绝这么一张富有诚意的脸。

2. 语言要真诚

求别人帮忙要通过什么举动？无非是语言和行为。如何让语言表现出诚意，就要靠你的好口才了。如何让语言富有诚意，我们早已论述过一遍又一遍，现在不妨再温习一遍：用最自然、平实、不虚伪、不夸张、符合客观实际的语言和对方说话。例如："我遇到一道难题，你数学一向比我好，不知道愿不愿意帮我解答一下。"

这个时候，只要语气真挚、态度真诚，相信没有谁会不喜欢这么真实的人和这么真诚的语言，答应你的求助也就自然而然、顺理成章了。

3. 行动要真诚

最富有诚意的举动是什么？当然是行动。好口才当然也有不灵光的时候,那就是只说不做的时候。所以,不能仅靠开口求助,还要为对方做点什么,或者给对方送点什么。

例如轮到对方值日了,帮他一起扫地;给他送上一份他最喜欢的礼物。这个时候,你再求他:"你数学好,星期天到我家里给我补补数学吧。"相信他就很难再拒绝帮你的忙了。

温柔、谦和地说出求助的话

别人帮你的忙,本来是牺牲他的时间和精力为你行方便,所以你的口气应该是温柔、谦和甚至是带着歉意的才对。

小旭在写作业,做到最后一道题时遇到了拦路虎。他看了看同桌,同桌的最后一道题已经快做完了。

"问问他吧。"小旭想。但是前两天刚跟他吵过架,两人好几天都没说话,向他张嘴还真有点不好意思。可是为了做完作业,小旭只好拉下脸,问道:"哎,最后一道题应该怎么做啊?"

同桌没吭声,连头都没抬。

小旭心想:这是故意气我是吧,但又不能发火。只好又问:"哎,你听到没有?我问你,今天作业的最后一道题应该怎么做?"

同桌这次抬起了头:"你问谁?"

"我问你啊!"

"我叫'哎'吗?"

小旭忍了忍,说道:"哎,我已经跟你先打招呼、先说话了,你不要这么吹毛求疵好不好?"

"有你这么打招呼的吗?你如果不是有求于我,会和我先说话吗?"

"当然!要不是让你教我做这道题,谁会低三下四求你!"

"你这口气是'低三下四'吗?我看叫'趾高气扬'还差不多。"

小旭这下真火了,"啪"的一拍桌子站了起来:"喂!你爱教不教,你以为没有你我这作业就做不完吗?"

同学冷冷地甩给他四个字:"悉听尊便!"

在生活中,孩子一定会遇到各种困难和窘境,这个时候,应该怎样求助别人?孩子的口才应该如何发挥作用?是像小旭那样既没有礼貌又高傲,还是应该更为冷静、温柔和谦和?答案是显而易见的。

别说是求别人帮忙,即便是平时的交谈中,甚至是别人求我们的时候,我们说话也不应该像小旭那样没有礼貌、趾高气扬、动不动就拍桌子。小旭之所以有这样的举动,不仅仅是因为自身的素质不够,更是因为他不懂得这个时候需要的是好口才、好修养,而不是耍脾气。

别人帮你的忙,本来是牺牲他的时间和精力为你行方便,所以你的口气应该是温柔、谦和甚至是带着抱歉才对,可你不但没有这样做,反倒用话"挤对"人,那谁会做这出力又受罪的事儿呢?这个时候,你的口才发挥的不是好作用,反倒让事情往更坏的方向发展。

由此可见,不好好学口才,不会说话,会给生活带来多么大的不便和恶果。既然如此,孩子就要赶快学会用什么样的语言方式来求助对方才能打动对方。

1. 求助之前,先礼貌地称呼对方

礼貌地称呼别人,这一点的重要性已经不需要再向孩子多讲。在向他人求助的时候,如果做不到这一点,那么求别人帮忙这个愿望基本上不可能达成。受到他人的尊重是每一个人最基本的意愿,如果这个意愿得不到满足,别说帮你的忙了,可能就连说话都不愿意搭理你。

因此,在向对方求助之前先礼貌地称呼对方:"你好,小华,帮我一个忙吧。"这样说话,对方肯定不会随便拒绝你,你得到帮忙的可能性会很大。但如果你像故事里的小旭那样给对方"哎"的称呼,估计任何人都会给你难看的脸色。所以,礼貌和好口才是如影随形的,礼貌到哪里,好口才的作用就能发挥到哪里。

2. 先说"抱歉"或"谢谢",然后再求助

要想让别人痛快地答应帮你的忙,不妨把"抱歉"、"谢谢"之类的话先说在前面。例如可以这样说:"对不起,打扰一下,帮我讲讲这道题吧。"如果同学有点儿犹豫要不要帮你的忙,你可以继续说:"帮我讲讲吧,先谢谢了!"同学看你这么客气,自然不好意思不帮忙了。

3. 帮完你的忙之后，你不要忘了说"谢谢"

帮忙之前要说谢谢，帮完忙之后，不要忘记仍然要说"谢谢"。例如："小华，谢谢你给我讲这道题，耽误你的时间了，谢谢！"

有的孩子会觉得，帮忙之前说"谢谢"，帮完忙之后还说"谢谢"，这谢谢会不会太多了？中国有句俗语"礼多人不怪"，基本上，没有人会嫌你过于礼貌，只会有人嫌你没有礼貌。多说几句"谢谢"，除了为这一次的帮忙表达谢意，也是为下一次再有求于对方的时候奠定良好的基础。

向陌生人求助要注意表达方法

如何向陌生人求助才能得到对方的帮助呢？①礼貌先行；②得体称呼；③从表达上要给对方信任感；④表述清楚问题；⑤记得说"谢谢"。

星期天，露露和妈妈一起逛街，结果走散了，露露非常着急，自己身上没一分钱，回不了家，她也没有手机，联系不到妈妈。怎么办呢？唯一的办法就是向别人借手机，给妈妈打电话。

可是向陌生人借手机，谁会借给她呢？况且自己能够信任这些陌生人吗？妈妈平时都说过，不要随便和陌生人说话。但是今天，除了向陌生人求助，没有别的办法。

想到这儿,露露开始在附近的人群中看来看去,向谁借手机呢?找了一会儿,她看到了一对母女,那个女孩和她年纪差不多大,女孩的妈妈看起来很善良。

她走过去用焦急的语气对这对母女说:"阿姨您好,我是光华小学四年级的学生,我叫露露。我和妈妈出来逛街,结果走散了,现在找不到妈妈,我很着急。我没有电话,我能借您的电话给妈妈打个电话吗?"

那个阿姨用带着怀疑的眼光看着露露,旁边的小女孩说:"妈妈,借给她打吧。上次我找不着你的时候,我们多着急啊,赶快把电话给她吧。"

阿姨不再犹豫了,把电话递给了露露。

对于现代社会的人来说,向陌生人求助并不是一件特别容易的事,对方会想:"这是谁?是好人还是坏人?求我帮忙,我敢帮他吗?"你也会想:"这人是好人还是坏人?我能不能信任他?他会帮我的忙吗?"彼此的不信任,这是向陌生人求助时遇到的最大的难题。对于孩子来说更是如此。父母早就向孩子灌输了"不要和陌生人说话"的观念,现在不仅要和陌生人说话,还要向陌生人求助,这对他们来说可是大挑战。而且,向熟悉的人求助都未必一定能得到对方的帮助,何况现在要向陌生人求助。那需要多好的口才才能打动对方呢?

但是,真的到了这个时候,除了陌生人,没有人能帮孩子的忙,那么,孩子也唯有鼓起勇气,尽量用自己良好的心理素质和口才来打动对方。

其实，父母和孩子也不要过于担心，大部分的陌生人都是好的，只要他们能帮得上忙，都会愿意帮孩子的。有的孩子会说："不是这样的，上次我向一个叔叔问路，他就不告诉我。"

如果真的是这样，无非有两个原因，一是这位叔叔确实不知道路，二是孩子的表达方式出了问题。因为对一个陌生人来说，他完全不了解孩子，他对孩子印象的好坏就在那一刹那，如果能有礼貌又正确地求助，自然能得到对方的帮助。

既然如此，我们就要让孩子知道如何向陌生人求助才能得到对方的帮助。

1. 礼貌先行

礼貌的重要性不用多谈，尤其是在向陌生人求助的时候，没有礼貌，对方连理都懒得理你，更别说帮你的忙了。例如你向对方问路："喂，到王府井怎么走？"连声"你好"都不说，连个称呼都没有，对方会帮你的忙吗？

所以，一定要礼貌地问："叔叔，您好！请问到王府井怎么走？"一个成人一定不会拒绝这样一个有礼貌的小孩的求助。

2. 得体称呼

除了礼貌，还要对对方有个得体的称呼。如果称呼错了，结果可要大相径庭了，例如还是问路："您好，大爷，请问到王府井怎么走？"说完，你才发现这个"大爷"不过40多岁。这个时候，你得到的答案很可能是："对不起，我也不知道。"

学打招呼、正确地称呼对方，这些都是好口才最基本的技巧，如果连这些都不能很好地掌握，想要得到陌生人的帮忙，想要拥有好口才，恐怕是痴人说梦了。

3. 从表达上要给对方信任感

给对方信任感，这当然是最重要的，因为陌生人之间最缺这个。所以，在表达上，你要给对方最大的信任感。像故事里的**露露**一样，她先向那对母女做了简单的自我介绍，给了对方真实感，以此赢得了对方的初步信任。自我介绍的作用就是让对方了解自己，当对方通过你的表述对你有了一点儿了解之后，他对你的戒心就会少了很多。

4. 表述清楚问题

有时候，陌生人不帮你的忙，是因为他没听明白你的问题，不知道你在说什么。也许他的理解能力有限，但很有可能也是因为孩子的表达有问题。所以，孩子要有条理、准确地说清楚自己求助的原因和问题，才能得到对方有效的帮助。例如故事里的**露露**，她用寥寥几句话就讲清楚了向对方借电话的原因，所以才能顺利得到对方的帮助。

5. 记得说"谢谢"

别人帮了你的忙，别忘说"谢谢"。不要解决了你的问题之后，你扭头就走，这会让对方认为："这个孩子挺会说话，但不懂得说谢谢。如果是熟悉的人，下次谁还会帮他的忙！"因此，前面表达得都很好，但不懂得说谢谢，当然不能算是好口才。

遇到意外求助"110"

很多孩子在遇到问题时都会想到打"110"报警,寻求警察的帮助,父母一定要让孩子注意打"110"的事项,以便在人生最关键的时刻发挥作用。

宁宁的爸爸和妈妈吵架了,妈妈一气之下回了宁宁的外婆家,好几天也没回来。宁宁心里很害怕,他想:"妈妈是不是不回来了?是不是不要我了?谁能把妈妈找回来呢?"

他想起来有一次看电视上的法制节目,有一个人失踪了,好几天没回来,他的家人打了"110",最后警察叔叔把那个人找回来了。

想到这,宁宁拿起了家里的电话拨打了"110":"喂,警察叔叔,我妈妈失踪了。"

警察急忙说道:"那你现在在哪里?"

"在哪里?当然是在家里了!"

"小朋友,你家在哪里?妈妈失踪了几天了?"

"我也不知道,警察叔叔,你们快来救我!"

"孩子,不要着急。告诉我,你的名字叫什么?"

谁知道,此时宁宁紧张得要命,就只顾哭了,结果警察也没办法帮上忙。多亏一会儿爸爸回来了,向电话里说明了情况,才避免宁宁就这么一直哭下去。

很多孩子在遇到问题时都会想到打"110"报警,寻求警察的帮助,但他们中的多数却拿起电话后语无伦次,根本让对方听不懂他在说什么。这样的孩子,怎么可能最终等到警察的到来?又怎么可能用优异的口才取得其他人的帮助?

所以,父母一定要让孩子注意打"110"的事项,以便在人生最关键的时刻发挥作用。那么,我们该告诉孩子在"110"电话中怎样说话。

1. 克服紧张情绪,平静地拨打"110"

拨打"110"时,一定是发生了重大危急的事情,在这个时候,孩子的心情必然紧张。为避免因紧张而表述不清楚,孩子在拨通电话之前应先稳定自己的情绪,打电话的过程中要尽量克服紧张的心情,把电话的内容说清楚。这个时候,良好的心理素质对口才的帮助也是很大的。

2. 准确说出自己的位置

准确说出自己的位置,是"110"求助电话的重要内容之一,说不清楚自己的位置,警察就不能及时准确地来施救,所以,孩子要准确说出眼前所处的位置,如果所处地点复杂,自己也弄不清,就说出附近的一个标志性建筑或附近路口,在那里等待警察来施救。

3. 简洁明了地把事情讲清楚

我们在教孩子学口才的时候,不止一次地强调在表达的时候,要把事情讲清楚,并且要简洁明了、言简意赅,有条理、有重点地把事情讲清楚。在拨打"110"的这个重要紧急的时刻,把事情讲清楚显得更为重要。

孩子可以按照平时训练口才的方法向接警员讲清楚发生了什么事情,事情发生的准确时间、地点、涉及人员,以及当时的现场情况,并说出自己的姓名、住址、电话等,以便警察与自己联系。

表达一定要有条理、简洁明了,切不可啰里啰唆、废话太多,以免耽误时间,影响警察办案。孩子的口才"训练千日",就用在拨打"110"这一重要时刻。

遭到拒绝应表示谅解

在请求对方帮你的忙时,不是非要逼着对方答应不可。好口才不是指向别人咽喉的一把剑,而是懂得包容的一池水。

星星来找皓皓,他的表情很严肃:"皓皓,我把我爸爸给我新买的手机弄丢了。"

"啊?那你怎么办呢?"皓皓说。

"我不能让我爸妈知道这件事,他们本来就不想给我买手机,如果知道我把手机弄丢了,不但要骂我,而且很可能以后都不会让我再用手机了。所以,我想自己买个一模一样的手机。我平时的零花钱攒了300多块钱,你能借我两百块吗?钱,我以后慢慢还你。"

"这，两百块啊。这可不是小数目，我哪有这么多钱呢？"

"我知道你有，你平时的零花钱都不怎么花，压岁钱留的也有，两百块肯定有的吧。"

"不好意思，我真的没有。很抱歉，我帮不了你。"

星星看起来很失望，但是他还是说："没关系，借钱不是小事，你帮不了我，我也能理解。只是要是你不帮我，别人更不肯帮我了，这可怎么办呢？"星星难过地坐到了地上。

皓皓看了看他，没有说话。

过了两天，放学的时候，皓皓叫住了星星："星星，你的钱借到了吗？"

"还没有呢。"

"给，这个，拿着。"皓皓递给他一个小袋子。

"什么呀？"星星问。

"两百块钱啊。"

"两百块钱？你答应借给我了？"星星非常吃惊。

"不借给你怎么办呢？总不能看着你挨你爸妈的批评吧。"

"谢谢！谢谢！我一定尽快还你。"星星脸上终于有了笑容。

求别人帮忙，当然希望对方能爽快地答应自己的求助，一旦对方不答应，孩子的心里必然会不舒服，也会不谅解对方。为什么会这样呢？因为求人的话对谁来说都不是那么容易出口的，遭到对方的拒绝，不仅使自己面子有损，自尊心也受不了，而且自己的难题也没有得到解决，不免因此埋怨对方。

但是，你求别人，别人就一定要答应帮你吗？好像也没有这样的"义务"。答应帮你是给你人情，拒绝帮你是他的权利。除非对方"欠"了你的，否则对方拒绝帮你的忙，你没有资格有任何埋怨。

前文中说过，在道歉的时候不要咄咄逼人地请求对方的原谅。那么在请求对方帮你的忙时，也不是非要逼着对方答应不可。好口才不是指向别人咽喉的一把剑，而是懂得包容的一池水。

就像练武术的人有不同境界一样，境界低的人用武术来打架，境界高的人用武术来制止争斗。好口才也是如此，境界低的人用它来制造矛盾，境界高的人用它来化解纷争。

所以，即使对方不答应你的求助，这又有什么不能谅解的呢？这时，不妨表现出你的大度和大方，用你的好口才向对方表达出你的体谅。

1."没关系！"

在对方拒绝你的求助时，不妨大度地说一声："没关系！就当我没说。"不要让对方因为拒绝了你而心存愧疚，自己潇洒的一句话就化解了对方心中的所有压力，这会让对方觉得和你交朋友没有任何压力、任何负担。

2."我找别人帮我吧。"

有些事情并不是只有对方一个人才能帮忙，除他之外，你并不难找到其他帮忙的人，所以，你可以轻松地说："没关系，我找别人帮我吧。"这也是给对方卸下心理包袱：我虽然没帮上他的忙，但并没有耽误他的事儿。

3."我自己再想想办法吧。"

表达对对方的体谅是应该的,但也不必过于掩饰自己失望的情绪。如果自己确实做不到很大度、很潇洒地体谅对方,也不必装样子,适当地表达自己的失望情绪也无可厚非,例如无奈地说:"没关系。唉,只有我自己再想想办法了。"这会让对方觉得你是真有难处,确实需要帮忙。这其实也是在暗示对方:你再考虑考虑,看看能不能帮我的忙,以此给事情留一个转机。

好口才和会做人是分不开的,好口才的艺术并不仅仅在于那些说话技巧,更在于做人的尺度的把握。既然进一步不会有什么收获,不妨退一步给自己和他人都留一点儿空间,留一点儿余地,事情也许反倒会有转机。你若从语言上逼迫对方,其实等于是把你和他之间的路堵死了。退一步海阔天空,这也是好口才的高境界。

魔法十
训练，好方法练就好口才

讲了那么多培养口才的方法和技巧、方式和手段，现在，我们就要进入口才训练课的终极课程——口才训练营。在这里，除了各种小技巧，还会有各式"实战演习"等着孩子。现在，让我们深吸一口气，将那副"伶牙俐齿"打磨得再"锋利"一些。

通过阅读提高口才能力

孩子要想让自己表达流畅、言之有物、说出的话更深刻并充分发挥语言的魅力，攀上好口才这座高峰，阅读是一条必须要走的路。

琳琳从小就爱看书，从小人书、图画书到现在大部头的小说，她已经读了不少书了，爸爸妈妈也很支持她读书，因为爸爸妈妈知道，要想让琳琳说话有见地、不肤浅、不人云亦云，就必须多读书。

除了上学和适度的玩耍，她的业余时间都用来读书了。电视她都很少看，因为她觉得读书很有想象空间：我想把主人公想成什么样，就想成什么样。她也不怎么爱上网，虽然在网上也可以阅读，但网上的内容错别字太多，而且总是有乱七八糟的信息弹出来，影响她的阅读。

所以，书读得多了，琳琳的头脑也充实了，说出话来经常是

"语不惊人死不休",令人赞叹:"年纪小,说出的话却很深刻。"琳琳知道这都是因为她爱读书。而这个好习惯,她要保持一辈子。

口才不仅仅是说的问题,它更是思想认识上的事情,想到哪里才能说到哪里。孩子若头脑里没有知识和见识,要么是无话可说,要么说出来的话空泛无趣。一个心灵苍白、思想空洞的人,即便掌握了众多的说话技巧,也无法说出令人咂舌、惊叹的语句。那么,他离好口才还是有着一段距离。

而阅读就填补了这段距离。阅读不仅可以让孩子言之有物,更能丰富孩子的心灵世界,提高他们的认识,说出来的话才能更丰富、生动和深刻。阅读不仅仅让孩子获得更多的词汇量,更可以间接参与他人的生活,丰富孩子的人生经历。

一个从阅读中经历了古今中外各种社会生活、倾听了众多的智慧语言、分享了无数思考成果的孩子,他不仅在思想上更成熟,心灵上更丰富,人格上也更完善。这样的孩子说出来的话,怎么可能和一个内心苍白无知的孩子说出来的话相提并论呢?

中国的文字非常有艺术魅力,具有游戏性、装饰性和音乐性,如果抑扬顿挫地读起来,还具有节奏性。一个不爱阅读的孩子,无疑是剥夺了自己这种"美"的享受,从而也剥夺了自己拥有好口才的可能。

因此,孩子要想让自己表达流畅、言之有物、说出的话更深刻并充分发挥语言的魅力,攀上好口才这座高峰,阅读是一条必须要走的路。

那么怎样才能让孩子爱读书、会读书,通过读书提高口才能力呢？就从下面一些方法做起吧。

1. 父母要纠正关于阅读的错误观念

首先，阅读远远不止是读"语文课本"。有些父母会让孩子抱着语文课本天天读、天天背，他们觉得这就是"阅读"。其实，只读语文课本是远远不够的。中国的文学经典作品瀚如星海，语文课本收录的只是其中很少一部分。尤其是现在的语文教学方式比较枯燥，这就让很多孩子对语文产生了厌烦的情绪。

所以，父母应该让孩子读更多的课外文学作品，多培养孩子的语感，让孩子学会欣赏文字的美，爱上阅读。

其次，父母不要担心孩子读书会影响学习。很多父母和孩子都会认为读课外书是没用的，而且会影响学习，所以不能读。过于沉迷于课外书当然是不对的，但不能因此就剥夺了孩子阅读的权利和乐趣，而是应当引导孩子合理分配读课外书的时间，让他们在不影响学习的情况下多读书。孩子多读书，他们的知识面、理解能力、表达能力都会提高，这对他们学习其他科目也是有帮助的。

最后，读书是娱乐，不要让孩子把它当成"学习"。有些父母也会让孩子多读书，但他们会让孩子读完了讲给他们听、背给他们听，甚至让孩子写读后感等，这就弄得孩子很疲惫和厌烦。如果读课外书和他们学语文课本的方法一样，既枯燥又有压力，他们怎么可能会爱上阅读呢？只要孩子读的书是无害的，就要让孩子轻松、愉快、自由地读，他们想读什么就读什么，能理解了就好，不要强求他们记住，不要强求他们读了之后有多么大的收获、多么大的改变，改变是在潜移默化中实现的，读得多了，阅读能力和口才能力自然会有所提高。

2. 引导孩子读书，但不要强迫

对于不爱阅读的孩子，父母不要强迫，而是要想办法诱导孩子去读书，让他们主动去发现读书的乐趣。

例如，父母读到一本好书的时候，都会不忍释手，并发出赞叹："好看，太好看了。"孩子都会有好奇心，会问你："怎么好看啊？"父母可以讲给孩子听，并告诉他："我没看完，看完再给你讲。"孩子被你吊起了胃口，就会这样说："不等你讲了，我自己看吧。"这样就会很自然地引导孩子读书。

3. 掌握一些阅读的方法

要想更好地阅读，还要掌握一些读书的方法。

精读：逐字逐句地读，速度会比较慢，用这种阅读方法会吃透一部作品。

粗读和略读：粗略地读，大致翻翻，囫囵吞枣，喜欢读的部分就细读，不喜欢读的部分可以跳过，全凭自己的兴趣。

默读和朗读：默读就是不出声地读，有些诗歌，或孩子特别感兴趣的部分也可以大声读出来，体会文字美变成语言美的乐趣，朗读的时候也可以和其他人分享。

摘抄或随笔：孩子在阅读的时候遇到自己喜欢的词句，可以摘抄下来，有时间就可以反复阅读这些"精华"。还有的孩子读完一本书之后，会很受感动和启发，抑制不住地想把这种感受写下来，这就是随笔。父母要鼓励孩子写随笔，这对孩子积累词汇和提高文学修养有很大帮助，孩子的口才能力也将同时得到提高。

讲故事，让孩子学会生动地表达

任何一种提高口才水平的方法都不是孤立的，复述能力、逻辑思维能力、表达能力、再创造能力，都可以在讲故事的过程中同时得到提高。

豆豆6岁了，他喜欢听故事，每天睡觉前都缠着妈妈给他讲故事。

有一天，妈妈说："豆豆，我都给你讲了那么多故事了，你什么时候给妈妈讲一个？"

"我不会讲故事。"豆豆说。

"有些故事妈妈都给豆豆讲了好多遍了，豆豆都记住了，我知道豆豆一定会讲，讲给妈妈听听好不好？"

"嗯，那我看着书讲好不好？"

"好啊，当然可以了。"

于是，豆豆看着书讲了一遍《葫芦娃》的故事。

"豆豆讲得这么流利，就是不看书也能讲。"妈妈说。

"那我不看书，再讲一遍。"于是，豆豆又讲了一遍《葫芦娃》，他还模仿动画片里葫芦娃说话的声音，讲得惟妙惟肖、非常生动。

"不错，不错！"妈妈说，"以后，每天妈妈讲一个故事，豆豆讲一个好不好，看谁讲得更好！"

"好！"豆豆答应了。

孩子喜欢听故事，父母也总是不厌其烦地给孩子讲故事，但是很少有父母注意到：让孩子自己讲故事，也会对他们的口才能力有很大帮助。

这绝不是什么天方夜谭，因为让孩子自己讲故事，不仅可以锻炼他们的复述能力、表达能力和思考能力，还可以发挥他们的再创造能力。让孩子讲故事不是要求孩子机械地进行文字搬家，不是让他们背诵故事，而是要孩子复述故事。

所谓复述，就是让孩子用自己的语言讲一遍。孩子想要把故事讲得清楚明白，必须先用大脑把故事的角色、情节、结构、对话等回忆一遍，重新整理加工，并要组织恰当的语言把这些内容表达出来。在这个过程中，孩子就会加入自己的一些思考和理解，融合到故事中去，这无疑是在记忆基础上的一种再创造。

孩子在讲故事的过程中，还会不由自主地模仿不同人物的说话方式和语气。为了让听众更愿意听他讲，他会尽量生动地表达，这又锻炼了孩子表达的能力，提高了他的口才水平。

任何一种提高口才水平的方法都不是孤立的，复述能力、逻辑思维能力、表达能力、再创造能力，都可以在讲故事的过程中同时得到提高。孩子通过讲故事享受到了"讲"的乐趣与"讲"的成就感，这为孩子一生的口才发展奠定了良好的基础。

所以，父母不仅要让孩子爱听故事，还要让他们学会讲故事、喜欢讲故事。父母可以从以下几方面激发孩子的这种兴趣。

1. 父母和孩子一起讲完一个故事

有些孩子对自己的表达能力不自信，怕讲不好，因而不愿意讲故事；有些孩子则是因为没有完整地记住故事，而不能顺畅地讲出来。这个时候，父母不妨和孩子一起讲故事，例如父母可以和孩子商量："我讲前面一部分，你讲后面的情节好吗？"孩子的困难被人分担了，也就愿意尝试着讲故事了。

或者，父母讲了一点儿就故意"打住"："哎呀，接下来发生了什么？我不记得了。你还记得吗？"孩子被这么一问，就会觉得自己不是在讲故事，而是在替父母分担忧愁、解决问题。当孩子讲了一会儿不愿意继续讲时，父母不妨接着再讲。这样，父母在和孩子的合作中就把整个故事讲完了，通过这种方式，让孩子自然而然地参与到讲故事中来。

2. 引导孩子讲故事

采用激将法，也可以引导孩子讲故事。例如孩子正在看故事书时，你不妨坐在他身边问他："看的什么啊？能看懂吗？"孩子就会不服气地说："当然能看懂。"父母则故意假装不相信的样子，说："我不相信，你讲给我听听。"孩子为了证明自己确实看懂了，就会讲给父母听。父母听完一定要记得表扬孩子："嗯，讲得不错！确实看懂了。"

不过，采用激将法的时候，话不可说得过激，否则，不但不会有以上的效果，反倒会打击孩子爱读书的爱好。

3. 父母故意讲错故事，让孩子去纠正

父母要尽可能用更多的方式激发孩子讲故事的成就感，故意讲错故事并让孩子去纠正就是一个好方法。例如孩子都喜欢听《三只小猪盖房子的故事》,父母就可以故意讲错:"第一只小猪看到了一堆石头,它就用这堆石头盖了一座房子……"这时,孩子肯定会纠正你:"不对,不对!第一只小猪不是用石头盖的房子,是用稻草盖的。"父母就可以接着说:"是吗?那是我记错了,要不,你讲给我听听。"如此,孩子会觉得自己都能指导大人了,非常有成就感,就会愿意把这个故事讲下去。通过讲故事,孩子学会了生动地表达,口才水平就会得到进一步提升。

背诵,提高对语言的记忆能力

好的记忆力和好口才密切相关,通过背诵,知识就像被刻在了头脑中,大脑变成了一个知识宝库,人们才有可能在说话中迅速从中提取,从而出口成章、滔滔不绝。

一个小朋友不吭声地把芳芳的娃娃拿走了,爸爸跟她说:"既然他品德不好,咱们以后就不跟他玩了。"

谁知道芳芳说:"不,他不是坏孩子,我要跟他玩。"

爸爸说:"你怎么知道他不是坏孩子?他偷偷拿别人的东西就是不对的。"

"因为'人之初,性本善'啊,这是你从小就教我背的。他本性是善良的,只是一时糊涂了。"芳芳说。

爸爸感到很惊奇："你不但会讲道理，还会拿古人的话来教育人。嗯，我女儿口才不错！看来爸爸让你从小就背诵《三字经》是很有用的。"

确实是这样，芳芳的爸爸从小就教她背诵《三字经》，孩子的记忆力特别好，很快就记住了。到了芳芳更大一些，爸爸又让她背诵唐诗、宋词和一些好文章。芳芳最爱读宋词，宋词读起来朗朗上口，不仅具有音乐的美感，还有一种让她难以言说的意境。虽然很多地方芳芳还不大明白是什么意思，但这丝毫不影响她的兴致。她总是大声地、不厌其烦地一遍又一遍地朗诵，不知不觉中，很多都会背了。

在写作文的时候，这些美妙的唐诗宋词和古人们的名言名句都被她信手拈来为己所用。在与人交谈的时候，她也总能在不经意间说出令大人都惊叹叫绝的话来。学校里的演讲比赛更是成了她展现口才的舞台。所以，大家都说她是语言小天才，其实不过是她从小就读得多、背得多、记得多而已。

我们不强求孩子阅读就一定要背诵，是不想用强迫的态度影响了孩子阅读的兴趣，但并不是说背诵没有用处。从心理学的角度看，记忆和思维是分不开的。背诵、记忆可以强化思维，思维可以促进记忆和背诵。人们依靠自己的记忆把知识和感知储存在自己的头脑中，然后通过自己的理解和思考，形成自己独有的思想。而理解能力和思考能力的提升又可以帮助大脑更快地记忆更多的东西。

好的记忆力和好口才密切相关，仅仅阅读而丝毫不去背诵和记忆，知识就像沙滩上留下的水印，早晚会被海水冲刷掉。而通过背诵，知识就像被刻在了头脑中。大脑变成了一个知识宝库，人们才有可能在说话中迅速从中提取，从而出口成章、滔滔不绝。

背诵无疑是提高记忆的一种最有效的方法，背诵的内容越多，记忆的内容也就越多，思维能力就发展得越迅速，而孩子的表达能力和口才能力也会同时得到提高。"背"，训练的是记忆能力，而"诵"训练的则是口头表达能力。

父母也都知道背诵的好处，也会不断督促孩子背这背那，但是父母督促的方法不得当、孩子背诵的方式不得当，或者背诵的内容还不符合他们的年龄，这都会让孩子对背诵产生厌烦情绪。

所以，要想让孩子喜欢上背诵，提高自己的记忆能力和口才水平，以下几个方面不能不注意。

1. 要让孩子多背诵经典作品

文学作品很多，如果让孩子反复去背诵一些普通的作品，不仅浪费时间也没有太大的意义，所以父母要帮孩子挑选一些好作品。

古典经典作品是首选，这些作品经过历史的检验，内涵丰富、文字优美，基本上都是精华。其次是一些近现代名家的作品，例如民国时期的鲁迅、林语堂、戴望舒、梁实秋的作品都可以背诵。除此之外，孩子喜欢的、有感触的作品也可以背诵。

2. 可以运用不同的背诵方法

背诵的方法有很多，死记硬背是年纪小的孩子用得最多的方法，但这种方法背起来也是最费劲的，父母最好帮助孩子尽量先理解，在理解的基础上，背起来就容易多了。如果孩子实在不能理解，那就让孩子多读，俗话说"书读百遍，其义自现"，读得多了，不但意思明白了，同时也背会了。

对于那些过长的段落，甚至是生涩的句子，不必强求孩子都背，能背多少是多少，或者选择其中的经典句子背诵就可以了。

如果确实有整篇文章需要全部背诵的，那就让孩子分段背。先背会一小段，再背另外一段，一段一段地背，能增加孩子的信心，不至于让孩子觉得文章太长背不会而不愿意背。也可以一天背一段，分解孩子的压力，尽量让他们在轻松的心态下背诵。

3. 检验孩子的背诵效果

背诵的目的是让孩子学会运用这些知识，而不仅仅是背会而已。父母可以留意孩子在他们的言谈话语、日记和习作中是不是运用了这些背诵的内容。如果只是记住了而不会灵活运用，背诵其实没有多大的意义。一旦孩子运用得好，父母就要鼓励孩子把这一良好的习惯坚持下去。

如果背诵的内容都没有用到，那么父母就要帮助孩子分析为什么知识没有转化为能力，没有提高表达能力和口才水平，是背诵方法的问题还是背诵的内容孩子不喜欢。如果背诵确实没有效果，不妨停下来，换其他的方法来学习。

同时，检验最好是在不经意中进行，不要让孩子感受到任何压力，从而放弃了背诵这条提高口才的好途径。

写作有助于语言表达

文字是一种语言符号，人的语言表达离不开文字，只有熟练运用文字这种语言符号，口才才有可能得到提高。而写作正是锻炼孩子文字表达能力的重要方法。

晚上9点钟，琪琪做完了作业，拿出自己的日记本，在本子上写下："今天，学校发生了一件有趣的事……"

写完日记，时间已经到了9点半，琪琪翻翻自己的日记本，看看以前写的东西很稚嫩，自己看起来都直摇头，不过这也说明自己在进步。从三年级开始到现在，她已经写了1000多篇日记了。除了考试特别紧张的时候，她几乎没有间断过，有时也觉得没有内容可写，她就摘抄一段诗歌。

也许是看书多和写日记的锻炼，琪琪的作文也写得不错，每年都代表班里参加区里组织的作文比赛。琪琪真的是太喜欢文字了，中国的文字有一种独特的魅力，吸引她反复去玩味。

文字锻炼得多了，琪琪的语言表达能力自然也就提高了。朗诵一首诗歌、做一场小演讲都不在话下。别人都说琪琪口才好，琪琪知道，这都多亏了她坚持写日记和作文的习惯。

文字是一种语言符号，人的语言表达离不开文字，只有熟练运用文字这种语言符号，口才才有可能得到提高。而写作正是锻炼孩子文字表达能力的重要方法。

写作和说话一样，也要经历思考的过程、组织语言的过程，也要有条理地表达，只是这种表达是通过文字表现出来的。说话只不过是把文字通过语言表现出来，所以，文字的训练和语言的训练有很多相似之处。

但写作和说话还是有很大的不同，那就是孩子在说话时通常不会有过多的思考，也不会过于斟字酌句，有时甚至会脱口而出。这，就造成了说出的话不够严谨、不够得体，甚至会得罪人。

而写作就会避免这种情况。在写作的过程中，孩子就会知道："这句话还可以这样说。如果上次我这么说话，对方就不会生气了。"通过写作，孩子知道了什么样的表达是更妥当的、更完美的、更易于让对方接受的，知道了自己平时说话有什么样的毛病，就会在以后的说话中注意，这无疑对语言表达和口才水平都有积极的影响。

这么一说，父母和孩子就很容易明白写作的重要性了。那么，就不能让这样一个提高口才的好方法弃之不用，应该让孩子坚持写日记，并写好每一篇作文。当然，要想写好作文和日记，孩子要注意好以下几点。

1. 多观察生活，以便有事情可以写

孩子在写作中遇到的困难经常是没有事情可写、没有话可说。解决这个问题的唯一方法就是多观察生活，观察生活是写作的前提和基础。

留心观察身边的人、事、物，从中猎取你写作时需要的材料：一些看似不大实则很有意义的事情，它的起因、过程和结果如何？校园里的植物一年四季在变化，过程是怎样的？身边的人，他们的一言一行是怎样的？一边观察一边思考，将它们汇入自己思想的长河里。

有条件的话，父母不妨鼓励孩子带着摄像机和录音机到更多的地方看一看。当观察成为习惯，头脑中储备了更多的人、事、物并有了自己的思考以后，写作时的原始素材便会源源不断了。

2. 多读书，积累写作素材

当孩子积累了更多的生活素材之后，我们就要鼓励他通过文字表达出来。优美的文字从何而来？要积累写作素材。写作素材就是写作时用到的一些优美词句、名言警句、历史典故、诗词歌赋、格言、谚语之类的用来美化文章的素材。

写作素材的积累唯有靠多读书，让孩子阅读各种有益的书籍。通过背诵和摘录，或者自然地吸收，积累更多优美的词句，灵活运用到写作中去。

3. 坚持写、多练习，避免"眼高手低"的毛病

孩子在写作中可能会遇到这种情况：看别人写得不怎么样，可自己一写还不如别人。或者写之前自信满满，觉得一定能写一篇佳作来，可一提起笔来却发现写不下去。这种情况就是我们常说的"眼高手低"——欣赏水平高，但写作能力差。

造成这种情况的原因多半是"看得多，写得少"。要想改变，只有靠多写。一周一次作文的练习次数是不够的，孩子要

坚持写日记，每天都写。也许孩子会觉得每天有那么多作业，哪有时间写日记？但时间是挤出来的，哪怕每天只写一段甚至是一句，都要坚持写：描述一下今天的天气、写一句今天的感悟等。

让写作、思考成为习惯，写作时就不会抓耳挠腮了。这时候，好口才也会不断垂青他们。

想象，让语言变得生动有趣

孩子的语言一旦插上了想象的翅膀，立刻变得生动有趣。陌生、新鲜而又具有画面感的语言对人最有冲击力。

一位老师在上课，让同学们说一说"雷锋像什么？"

同学们七嘴八舌讨论开了："雷锋像我的邻居。"

"雷锋像家人。"

"雷锋像我的同学。"

这时，小亮举手了，说："老师，我觉得雷锋像大树。"

同学们哈哈大笑："雷锋怎么像大树呢？"

老师也觉得有些不可思议，但她还是鼓励小亮说："你为什么说雷锋像大树呢？"

小亮说："因为春天大树发芽了，人们就知道春天来了，大树就是春天的使者，而雷锋给我们的社会带来了和睦的春风，他和大树的作用一样;到了夏天,阳光很强烈,还有滂沱大雨。大树为人们遮阴避雨,和雷锋一样,都爱做好事,所以雷锋像大树。"

听完小亮的解释,老师和同学们不禁发出了赞叹的掌声。老师说:"小亮同学理解了雷锋精神的内涵,说法很有新意,表达非常棒!"

小亮在回答问题时并没有循着其他同学常有的思路,而是另辟蹊径,发挥了自己的想象力,找到了雷锋和大树的共同点,把雷锋比喻成大树。因此,他的表达更富有魅力。

其他孩子的说话是否也能像小亮这样充满想象力呢?家长不妨问问孩子这个问题:"雪融化后是什么?"看看会得到什么样的答案。孩子一定会认为答案只有一个:"雪融化后是水。"这个答案当然是正确的,但除此之外就没有别的答案了吗?或许有一个孩子的答案就和别人不一样:"雪融化后是春天!冰雪融化后,万物复苏,春天来了!"

哪一个答案更有诗意?哪一个表达更生动?相信大家都能判断出来。第一个答案是正确的,但是太过于单调、刻板,只是干巴巴地叙述了客观事实。第二个答案却发挥了人的想象力,将雪融化后更大、更长远的场景描绘了出来。

由此可见,语言有没有想象力,效果是有很大差别的。什么是想象力?想象力就是人在已有形象的基础上,在头脑中创造出新形象的能力。它是在你头脑中创造一个念头或思想画面的能力。有没有想象力关键在于是否有创造性。例如雪融化后是"水",这是一个大家都熟知的旧形象,而雪融化后是"春天"则是孩子创造的一个新形象。这个想象不仅具体生动,还很有画面感。

相比较来说,孩子比大人更有想象力,因为孩子的世界比较简单和单纯,他们的思想不像大人那样有那么多规则的限制,所以他们会把那些看似"风马牛不相及"的事情联系在一起。

而孩子的语言一旦插上了想象的翅膀,立刻变得生动有趣。陌生、新鲜而又具有画面感的语言对人最有冲击力。例如,"天亮了",可以说成是"阳光撕破了夜的帷幕";"天黑了",可以说成是"夕阳收起了它最后的金子"。这样的语言是不是会一下子把你带入描述的情境中去?

既然如此,父母要鼓励孩子大胆发挥自己的想象力,让语言变得更有创造力。下面几种方式,可以锻炼孩子这方面的能力。

1. 多观察生活

我们说过,想象力是人在已有形象的基础上,在头脑中创造出的新形象,也就是说想象力不是凭空产生的,而是建立在客观现实的基础上。试想,一个孩子若没有看到过雪融化后接着就是万物复苏、百花吐蕊、春天到来这一自然现象,他怎么能说出"雪融化后就是春天"这一充满想象力的语言呢?

所以,多观察生活是培养想象力的基础。父母可以让孩子尽情徜徉在自然中,观察万物的悄然变化,让孩子多接触社会中的人、事、物,体会社会的人情练达,启发孩子多思考、多联想,培养出一个富有创造力的语言小天才。

2. 给孩子想象的自由，让他大胆说出富有创造力的语言

大人的思维被禁锢太久，进而也开始禁锢孩子的思维。"雪融化后是春天"这一富有想象力的语言若出现在考试题目中，没准会被老师判为错误的答案。一些父母也会在孩子说出来富有想象力的语言之后，对孩子说："瞎说！"

父母的这种错误做法不仅剥夺了孩子的想象力，还扼杀了一个语言天才。正确的做法应该是仔细地问问孩子："为什么你会这么想啊？"当孩子说出合理的理由之后，父母要鼓励孩子："想象力真丰富！说话就应该有自己独特的思维。"当父母给了孩子想象的自由之后，他们的语言就会变得更有魅力和感染力。

3. 让孩子大胆想象、合理幻想

孩子说话富有想象力是好事，但是否每件事都可以没边没谱地联想？倘若每句话都太过"无厘头"，那么这就不是想象，而是幻想。

幻想是指违背客观规律的、不可能实现的、荒谬的想法或希望。虽然幻想是想象的更高层次，也是一种合理的想象，但那更应该出现在艺术作品中，而不是现实的说话中。语言的想象力是基于客观现实的联想，不是没有尺度的"编造"。况且爱幻想的人容易脱离实际、想入非非，这样的人说出来的话是不会受人欢迎的。

我们鼓励孩子在文学作品中合理幻想，但在平时的说话中还是要把握好想象的"度"，这样的孩子才真的是有好口才。

描述，全面锻炼口才水平

描述事物要求孩子在很短的时间内口头描述出一件事情来，所以，孩子必须发挥自己的文字表达能力、语言表达能力、逻辑思维能力、组织语言的能力等。

灵灵和爸爸妈妈一起出去玩，爸爸说："灵灵，你描述一下今天的天气。"

"今天的天气？今天秋高气爽，湛蓝的天空万里无云，我真想冲上云霄，在自由的天空中翱翔。"

"不错，不错！"爸爸说，"不仅描述了天空，还描述了心情。"

到了动物园，看完了猴子，爸爸说："灵灵，你描述一下猴子。"

灵灵眨了眨眼睛："瘦瘦的脸颊、扁扁的嘴巴、红红的屁股，尾巴又细又长，像一条鞭子。猴子爱在树上跳来跳去，没事就坐下来捉身上的虱子。我一边看猴子一边吃饼干，小猴子眼巴巴地望着我，似乎在说：'给我一点儿吧，我好饿啊！'我丢给它一块饼干，它捡起来便躲到角落里'吧嗒吧嗒'地吃起来。"

爸爸鼓起了掌："太好了，太好了，活灵活现。我女儿的口才真棒！"

妈妈说："这还不是因为灵灵有个好爸爸，从小就让她学习描述事物。"

爸爸听完，也哈哈笑了起来。

不知道孩子有没有做过"口头作文"？也就是在没有太多的准备和思考的情况下，口头描述一件事情或者事物。它和"即兴演讲"有点儿像，只不过面对的听众比较少而已。

如果说孩子讲故事是在原有的故事基础上进行复述，那么让孩子描述生活中的事物则更接近于"原创"，完全是"自由发挥"。它就像是让孩子做"口头作文"，更能全面锻炼孩子的口才水平。

在训练孩子口才的各种方法里，描述事物可以说是最难的。它不像演讲，可以提前写好演讲稿；也不像写作文，可以静静思考、斟酌词句、反复修改，而且写作文只是文字表达，描述事物要求孩子在很短的时间内口头描述出一件事情来，所以，孩子必须发挥自己的文字表达能力、语言表达能力、逻辑思维能力、组织语言的能力等。总之，孩子要综合运用所有训练口才的方法和技巧，方能达到这一要求。

能够很好地描述事物的孩子，其口才能力必定也是很高的。但描述事物和"即兴演讲"一样，孩子在生活中遇到这样的机会并不多，那么父母就要有意识地给孩子创造这种机会。

1. 看图说话，这是孩子描述事物的初级阶段

每个孩子手里都会有几本图画书，这是孩子最早接触的书籍。图画书上文字不多，孩子更多的是借助图画来看懂整个故

事。如果孩子能把图画书上的内容用语言描述出来，那他的描述能力无疑是不错的。

孩子在看图画书的时候，父母不妨问问孩子："这些图片讲的是什么内容啊？你看得这么津津有味，讲给我听听好不好？"在父母的引导下，让孩子指着图片，按照图片的顺序一点一点地讲完整个故事。有时孩子不知道怎么表达，父母不妨帮一下忙，告诉他应该怎么样说。当孩子看图讲完一遍之后，可以让孩子不看图再讲一遍，在不知不觉中提高孩子的描述能力和口才能力。

2. 让孩子描述景观，用最美的语言描述事物

看图说话，毕竟还有图片提示，难度没有那么大。接下来，父母就要让孩子尝试去描述一副更美丽的画卷——生活画卷。

秋天来了，和孩子走到街上，"无边落木萧萧下"，场景很美，孩子能够描述一番吗？带孩子去旅游，"小桥流水人家，夕阳西下……"南方的小镇意境很美，让孩子描述一番吧。美丽的景观里穿梭着不同的人，让孩子说说都是些什么样的人。

在父母的引导下，孩子的口才能力又得到了锻炼和提高。

3. 让孩子描述一件事情，淋漓尽致地发挥孩子的口才能力

训练要循序渐进，经过"看图说话"和场景描述训练，孩子的描述能力有了一定的基础。那么，就尝试一下更难的——让孩子完整地描述一件事情。一件事情有起因、经过和结果，有人物、动物和场景，人物有对话、动作和表情。孩子要在瞬间进行思考，甚至思考是和描述同时进行的：我先说什么，后说什么？什么地方是重点，要详细说？什么地方简单提一提就

可以？这个人说话应该是怎样的口气和表情？当孩子完整地把一件事情叙述完之后，他的口才肯定能得到极大的锻炼。

这样具有效果的锻炼机会，父母一定要学会利用。当孩子放学回家时，问问孩子："今天学校里发生了什么有趣的事？跟我讲一讲。""今天去看电影了，看的是什么？"当孩子声情并茂地向你描述的时候，父母会看到，孩子正淋漓尽致地发挥着自己的口才能力。

绕口令，使孩子口齿伶俐、吐字清晰

经常练习绕口令不仅可以使孩子变得口齿伶俐、吐字清晰，还可以让孩子学会自如换气，增强孩子的反应能力。此外，多练绕口令，还可以避免口吃。

浩浩的普通话说得非常好，不仅声音好听，发言还很准，尤其是他那张嘴皮子非常利索，说话极少有磕巴的时候。

大家都问他为什么口才这么好，浩浩说："这应该和我的家庭有关吧。我家祖上是说相声的，各个口才都特别棒。小时候，家人带着我玩过很多餐桌游戏，其中就有绕口令。当时家里人多，不是每个人能到餐桌上吃饭，长辈们就让我们表演绕口令，谁说得最好，谁就能坐上餐桌吃饭。"

为此，浩浩拼命练习绕口令："牛郎恋刘娘，刘娘念牛郎，牛郎牛年恋刘娘，刘娘年年念牛郎，郎恋娘来娘恋郎，念娘恋娘念郎恋郎，念恋娘郎。"

浩浩练得最勤奋，也最有天赋，他总是家里的孩子中说得最快、最好的，甚至有些长辈都输给他。这样，浩浩不仅可以和大人坐在一起吃饭，也从此喜欢上了说绕口令。自然地，他的嘴巴也越来越能说会道，反应也机智过人，口才越来越好。

如何才能训练孩子的伶牙俐齿和口才能力？有一项训练效果非常明显——绕口令。绕口令是我国的一种传统的语言游戏，又称"急口令"、"吃口令"、"拗口令"，它的特点是将若干双声、叠词词汇或发音相同、相近的词语有意集中在一起，组成简单、有趣的语韵，读起来节奏感强，让人觉得妙趣横生。

经常练习绕口令不仅可以使孩子变得口齿伶俐、吐字清晰，还可以让孩子学会自如换气，增强孩子的反应能力。此外，多练绕口令，还可以避免口吃。

所以，让孩子练习绕口令，这对他的口才锻炼非常有好处。但要想练好绕口令也不是那么容易的，因为绕口令一般字音相近，极易混淆，要想念得既快又好，没有快速的思维、良好的记忆、伶俐的口齿，是很难做到的。

因此，父母就要帮助孩子一起练好绕口令，协助他收获一份过人的口才技能。

1. 绕口令首先要说得"准"

在孩子刚刚开始练习绕口令的时候，不强求孩子说得多快多好，首先要把字说准。绕口令作为一种有趣的语言游戏，同时也是一项复杂的语言活动：同音异调、字音相近、叠字重句，说准也是很不容易的。因此刚开始时，可以让孩子说得慢一些。

如果父母一味求快，只求速度，不求质量，说出口的全是咿咿呀呀的模糊音，那么不但对孩子的口才没有什么帮助，反倒有负面影响。只要孩子能准确地顺利读下来，父母就应该给予鼓励和表扬。

2. 练习绕口令要坚持不懈、循序渐进

练习绕口令，确实对口才很有帮助，但这个效果并不是立竿见影的，而是长期坚持不懈努力的结果。在孩子刚开始练习时，父母不要给孩子太难的绕口令，先从简单的练起，循序渐进，不能急于求成。如果刚开始给孩子的难度太大，孩子就会因为说不好而影响自信心和练习的劲头了。只有勤于练习、坚持不懈、循序渐进，孩子才能把这项本领练好。

3. 说得又快又好才是绕口令的真正要求

如果孩子说绕口令一直停留在慢悠悠的阶段，并总是说一些过于简单的，这对孩子的口才并没有多大的帮助。在孩子说得准并有了一定的基础之后，就要对孩子有更高的要求了。父母要让孩子练习更难的绕口令，要求他们不仅要吐字清晰、换气自然，还要说得流利顺畅，同时还要融入感情，注意表情和语气，要让他们认识到绕口令不仅是说，还是表演。当孩子达到了这些要求，他的口才水平就上了一个新台阶。

争辩，锻炼孩子的思辨能力

孩子通过争辩说服对方接受自己的观点，则说明他的思维是正确的，说明孩子的口才水平高、思辨能力强。

思思从小就爱看书，文学、历史、科技方面的书籍他都爱看，不仅爱看，还喜欢和他人讨论。

这一天，他和院里的一个小朋友讨论"三国"，小朋友说："刘备建立了魏国……"

思思立刻纠正他说："不对，刘备建立的是蜀国。"

"是魏国！"小朋友说。

"你记错了，是蜀国，魏国是曹丕建立的。"思思试图说服他。

这时爸爸过来了，叫他："思思，回家去！"

思思跟爸爸回到家，爸爸问他："你为什么和小朋友吵架啊？"

"吵架？爸爸，我们没吵架，我们在讨论问题。"

"你们讨论什么问题？我来告诉你答案。"

"我们在讨论刘备建立的到底是蜀国还是魏国。"

"这个问题还不简单吗？刘备建立的当然是魏国。"

"爸爸！"思思非常吃惊，"你也记错了，刘备建立的是蜀国。"

"记错了？爸爸怎么可能记错呢？这么简单的历史知识爸爸

不可能记错的。"

"爸爸，你真的记错了，刘备……"

"别争了，争来争去有什么意思，做作业去！"爸爸打断了他的话。

"哦。"思思不情愿地去做作业了。

"争辩"，这在父母看来多少是有些不好的。父母通常会说："凡事不争长短，干吗要与人争呢？就算争过对方，也不过是逞口舌之快，没有什么意思。"或者："你见识少、阅历浅，口才也不怎么样，争不过对方，别白费力气了。"

总之，父母是不会鼓励孩子与人争辩的，尤其是孩子与父母争辩的时候，父母更是无法接受，觉得孩子挑战了自己的权威："你还敢和我辩论，你懂不懂尊重父母？"其实，父母的这种观念是狭隘的，孩子与父母争辩和尊不尊重父母是两回事。孩子当然要听话，但父母错了，孩子也要听吗？孩子有了自己的想法，父母不能听听吗？

孩子有了自己的想法，说明他有了独立的思维；孩子敢于表达自己的想法，说明他自信勇敢；孩子通过争辩说服对方接受自己的观点，则说明他的思维是正确的，说明孩子的口才水平高、思辨能力强。

俗话说："道理越辩越明！"在辩论的过程中，双方摆事实、讲道理，你来我往，孩子必须调动自己的各种能力，发挥口才的最大作用才能说服对方。即便孩子最终辩论失败了，他也因此纠正了自己的错误观念，彼此沟通了思想感情、达成了共识、解决了问题。

更重要的是,通过争辩,孩子锻炼了思考能力、表达能力、反应能力等,尤其是辩论能力,这对孩子的口才可是大有帮助。

那么,父母应该如何通过与孩子争辩,锻炼孩子的思辨能力呢?

1. 适当激发孩子的争辩情绪

很多孩子不敢与父母争辩,还有一些孩子想与父母争辩,但想到自己的口才不好,辩论不过父母,也就作罢。这个时候,父母就要鼓励孩子:"父母和你是平等的,有了自己的想法就要说出来,爸爸妈妈不会训斥你。争辩是为了把道理讲明白,不是为了争输赢,不必有包袱。"当孩子感到争辩不会给自己带来任何压力,自然就会与父母争辩了。

2. 争辩不是吵架,应避免无意义的争辩

争辩的双方如果不冷静,说话过激,就会渐渐远离了争辩的初衷,变成了吵架,最后问题没解决,反倒弄得双方很不愉快,这样的争辩真是一点儿意义都没有。

争辩的目的只有一个,那就是说清楚事情、讲明白道理。争辩时所说的每一句话都应该对事不对人,更不该胡搅蛮缠、人身攻击。在这个基础上,争辩是在一种愉快的、和平的气氛中进行的。所以,当父母发现双方的情绪变得激动起来、局面变得僵持、无法顺利地沟通时,就要及时终止这场争辩。

当有人对孩子怀有成见、恶意攻击,并不讲道理时,父母也要劝阻孩子:"这样的争辩有什么意义呢?随他去吧。纵然有再好的口才,也不要浪费在这样没有意义的事情上!"

3. 辩论的输赢不重要，锻炼了口才才重要

辩论的结果多半会有输赢，但有时也会不了了之。孩子在辩论中赢了对方的时候，不免会得意："哼，我赢了！怎么样？说不过我吧。"输了的时候不是垂头丧气，就是愤愤不平："哼！我说不过你，但不代表你说的是对的。"或者是揪住对方不放："别走啊，还没有说清楚谁对谁错呢？"

其实，孩子的这些态度都是不够正确的。辩论是为了说出自己的想法，和对方交换观念，如果能说服对方、达成共识则更好，如果不能，全当是一次锻炼口才的机会，不必争个你死我活，更不必以输赢论口才的高低。

角色扮演，锻炼口才的绝佳方式

"角色扮演"不只是游戏，更是一种文艺形式，它激发了孩子的想象力，加深了孩子与家人的情感交流，还可以刺激孩子的语言中枢。

最近一段时间，芊芊的爸爸妈妈出差了，把她一个人放在奶奶家里。临走前，爸爸妈妈非常担心，怕她过得不习惯，怕她因为没有小朋友与她玩而感到寂寞。

他们出差回来那天，奶奶告诉他们，芊芊一个人玩得可好了。爸爸妈妈来到房间一看，可不，芊芊正在忙着：只见沙发

上放着一个娃娃,芊芊拿着一个小勺子,放到娃娃的嘴边说:"来,宝宝,吃饭。"一边假装往娃娃的嘴里喂东西,一边说:"来!爸爸喂一口。"然后又说:"来,妈妈喂一口。小心!别洒了。吃完长大个。"

喂完饭她又把娃娃抱起来说:"我们该睡觉了。"说完唱起了摇篮曲。

过了一会儿,她轻轻地把娃娃放在床上,并念叨着:"哦,哦,睡觉了。"

看着芊芊的样子,爸爸妈妈会心地笑了。平时他们和芊芊之间的对话和交流都被孩子记在了心里,并自己扮演起了爸爸妈妈来。

对于孩子来说,什么更有趣,他们就更愿意接受什么样的方式。在所有训练口才的方法里面,"角色扮演"无疑是最有趣的,它比那些一本正经的背诵、复述、描述等更有吸引力,孩子从小就爱玩这样的游戏,"过家家"就是"角色扮演"的雏形。

几个孩子聚在一起,你当爸爸,我演妈妈,他扮孩子,每个孩子都有自己的角色,每个孩子都有自己的"台词"。在角色变化时,他们还知道变换自己的"台词"。没有人刻意地教过孩子这个游戏,也没有人给他们写"台词",但他们却知道"爸爸"、"妈妈"和"孩子"应该说什么。这种"无师自通"来自于孩子对生活的观察。

长大了,这种过于简单的"角色扮演"已经满足不了他们的要求,他们不再满足于仅仅扮演爸爸、妈妈和孩子,他们期望自己能胜任更多的"角色":除了家人,还有老师、警察、医生;不仅扮演人物,还可以扮演动物、植物。在这种"角色扮演"中,他们的"台词"功力见长——语言表达生动有趣,同时又符合"角色"的身份特点。

此时的"角色扮演"已经不只是游戏,更是一种文艺形式,它激发了孩子的想象力,加深了孩子与家人的情感交流,还可以刺激孩子的语言中枢。孩子通过扮演各种角色,不仅思想会越来越成熟,口才也会越来越好。可以说,孩子的这种"角色扮演",真是锻炼口才的绝佳方式,父母不妨和孩子一起"扮演角色",体会一下表演的乐趣,分享孩子口才提升的成就感。

在孩子进行"角色扮演"的过程中,父母可以从以下几个方面来指导孩子。

1. 父母要指导孩子运用符合角色身份的语言动作

孩子在扮演角色中,并非每一种"角色"的语言动作孩子都熟悉,这时,父母就要给予指导:扮演兔子要戴上一个兔子的耳朵头饰,扮演士兵要拿一把小手枪,扮演植物就要站在那里不要乱动。当孩子看到自己越来越像"角色",表演的热情会十分高涨。

同时,父母还要指导他们,"兔子"和"士兵"应该说什么样的"台词"。让孩子想象一下,如果植物会说话,植物应该说什么样的话。在这个过程中,孩子的模仿能力、想象能力和语言能力都得到了发挥和提高。

2. 要让孩子声情并茂地表演

"扮演角色"不只是打扮成角色的样子、说几句干巴巴的"台词"还要把角色的思想情感表达出来。"台词"不但要发音准确、吐字清晰，还要充满喜怒哀乐，尤其是表情动作、手势眼神要配合巧妙。

例如扮演大灰狼，说话就要恶狠狠的，并做出可怕的表情和动作；扮演小兔子，说话和动作就要可怜兮兮的；而扮演妈妈就要很温柔。总之，要让角色成为一个有血有肉、立体的形象，才是一次成功的表演。

3. 父母要参与孩子的表演

有的时候，因为没有人和孩子一起表演，孩子会一人分饰几个"角色"。这时，父母不妨参与到孩子的表演中去，如爸爸扮演渔夫、妈妈扮演老太婆、孩子扮演金鱼。这样做，不仅可以培养孩子的表演能力，而且使家庭充满了欢乐，更重要的是锻炼了孩子的口才能力。

声音练习，让孩子说话更动听

好的声音不仅能增强孩子的语言表达能力，还能提升孩子的魅力指数。它就像是口才的魅力外衣，更容易拉近说话者与他人的距离，也更容易让他人接受说话者的内容。

兰兰在家里朗诵《三字经》："人之初，性本善，性相近，习相远。"

朗诵完了，爸爸说："兰兰，人之初的'初'发音应该是'chu'，而不是'cu'；性本善的'善'发音应该是'shan'而不是'san'。你再读一遍。"

兰兰又读了一遍。

"不错，这次好多了。"爸爸说，"这是《三字经》，语速应该是均等的，每三个字要停顿一下，不能读得像唱歌一样，全连起来了。你再读一遍。"

兰兰又练习了一遍。

"好！这次更好了。兰兰，想要有好口才，首先发音要标准、吐字要清晰、语速要恰当。坚持练习，兰兰的口才将来一定是顶呱呱的。"

好口才的标准很多，除了说话不啰唆、有条理、言之有物之外，还要有一个动听的好声音。好声音指的是吐字准确清晰、发音柔和、富有韵律和节奏，这样美妙的声音人人都爱听，它可以让听众产生愉悦的情绪，给听众留下深刻的印象。孩子如果声音沙哑、说话含混不清，要想让别人接受他的意见和观点就多了一道障碍。

好的声音不仅能增强孩子的语言表达能力，还能提升孩子的魅力指数。它就像是口才的魅力外衣，更容易拉近说话者与他人的距离，也更容易让他人接受说话者的内容，因为谁都更愿意听声音温柔的人说话，而说话沙哑无力、干巴难听的人总会让人有点儿排斥。

有些父母会认为，说话的声音是天生的，我们已经无能为力了。其实，这样的认识是错误的。说话的声音并非嗓音，它可以通过后天的锻炼得到改变和提高。

比如我国著名的京剧表演艺术家梅兰芳，他天生的嗓音条件并不好，但他勤奋刻苦地练习自己的嗓音，终于练出了一副甜美动人的金嗓子，所以说，虽然孩子的发音器官已经不能改变，但后天的训练却可以改善一个人的声音质量。也就是说，声音是可以塑造的。

那么，父母如何引导孩子训练自己的声音，才能使它变得更动听呢？我们来看看以下几种方法。

1. 让孩子说话时要有稳定的情绪

声音是身体各器官协调工作的产物，声音的异常说明身体的某个器官或部位出现了异常。而情绪直接影响着一个人的生理：大喜或大悲都会干扰一个人的呼吸频率，而过度地紧张和恐惧会使喉咙僵硬、声带绷紧、声音沙哑。在这种情绪下说话，声调往往会提高，还会变调。而在平静的状态下说话，声调会显得很平静、丰满。因此，说话的声音就是人内心情绪的反应，就好像一个人的第二张脸，也是一种"表情"。

例如人在悲伤的情况下会带着哭腔说话，甚至发出刺耳的声音，听起来很不舒服。所以，要想让孩子说话的声音好听、舒服，先要让孩子在说话时保持稳定的情绪。否则，孩子"难听"的声音就会影响与人谈话的效果。

2. 吐字要清晰，不能含混不清

吐字的清晰与否也直接影响着说话的声音是否好听。孩子如果嘴巴都张不开、口齿不利索、说话含混不清，说了半天别人也不知道他在说什么，别人还愿意和他说下去吗？所以，孩子在说话时，吐字首先要清晰，"z、c、s和zh、ch、sh"要分清楚，该断句的时候要断句。只有这样，才能清晰、准确地表达自己想要说的内容，自己的声音才会更好听。

3. 语速要恰当

如果孩子遇到过说话过快的人，就会觉得：好累啊，简直让人喘不过气来。重要的是没听明白对方说什么。而有些人又说话太慢，弄得孩子很不耐烦："你能不能快点儿啊，要急死我啊。"可见，说话过快和过慢都会令人不适，所以，孩子说话，大多时候还是应该用不紧不慢的速度说话，遇到了紧急的事情也可以适当提高语速。

4. 让孩子注意说话的声调

运用好说话的声调也是一个好口才的人必备的素质之一。例如孩子用平和的、稍微向上扬的语调问同学："明天来我家玩好吗？"这样柔和的声音，会让人听起来非常舒服，肯定会让对方很快就接受你的邀请。如果用低沉的、下降的语调问同学："明天来我家玩。"就会让对方觉得你说话的声音不好听，不像是在邀请，倒像是在命令，很可能就不会接受你的邀请。